国家社会科学基金"十三五"规划2018年度教育学一般课题"基于教学切片的课堂诊断程序与原理探究"(编号：BHA180118)的结项成果

课堂教学切片诊断

魏宏聚 著

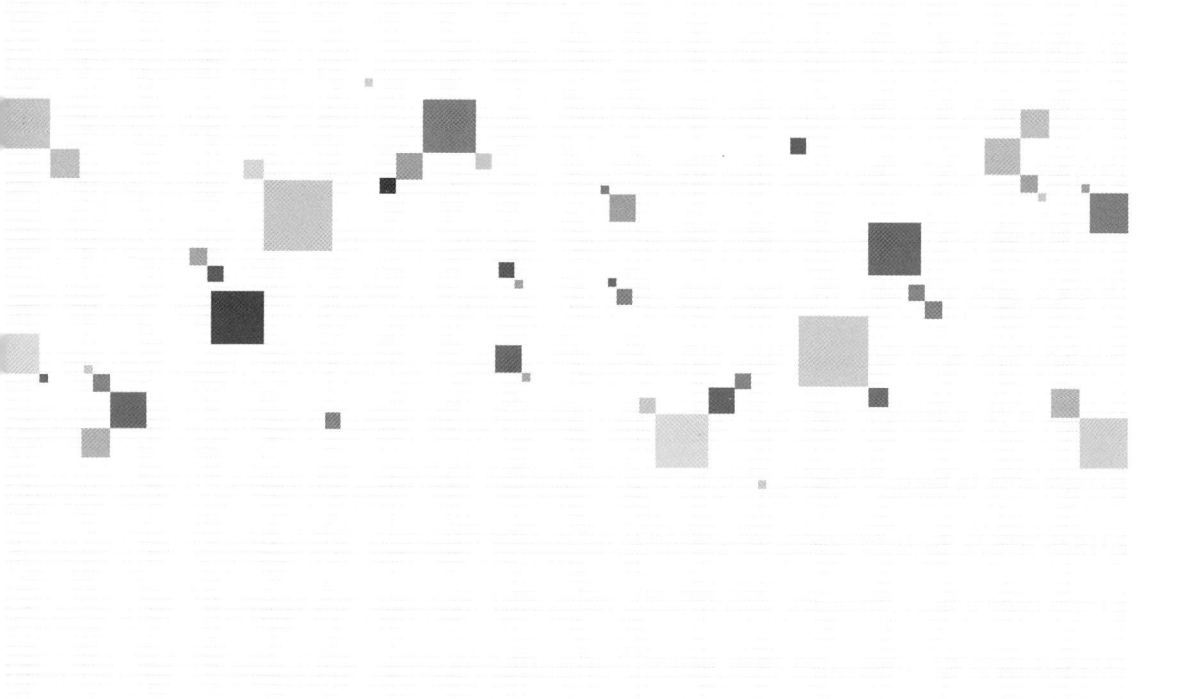

中国社会科学出版社

图书在版编目(CIP)数据

课堂教学切片诊断/魏宏聚著.—北京：中国社会科学出版社，2021.11（2023.8重印）
ISBN 978-7-5203-9177-1

Ⅰ.①课… Ⅱ.①魏… Ⅲ.①中小学—课堂教学—教学研究 Ⅳ.①G632.421

中国版本图书馆CIP数据核字（2021）第186688号

出 版 人	赵剑英
责任编辑	周晓慧
责任校对	刘　念
责任印制	戴　宽

出　　版	中国社会科学出版社
社　　址	北京鼓楼西大街甲158号
邮　　编	100720
网　　址	http://www.csspw.cn
发 行 部	010-84083685
门 市 部	010-84029450
经　　销	新华书店及其他书店

印刷装订	北京君升印刷有限公司
版　　次	2021年11月第1版
印　　次	2023年8月第2次印刷

开　　本	710×1000　1/16
印　　张	14
插　　页	2
字　　数	191千字
定　　价	78.00元

凡购买中国社会科学出版社图书，如有质量问题请与本社营销中心联系调换
电话：010-84083683
版权所有　侵权必究

序

　　河南大学魏宏聚教授将他的《课堂教学切片诊断》的书稿发给我，希望我为该书写个序。说实话，我觉得我不适合为该书写序，因为我对于课堂教学没有什么专门的研究，也就没有能力来评价该书的理论和实践价值。但是，该书是魏宏聚教授在实践中探索十余年的原创性成果，该理论在中小学实践界产生了较大的影响，作为他的博士后合作导师，还是谈一下我对该书及他的研究的看法。

　　自从 17 世纪捷克教育家夸美纽斯创立班级授课制以来，课堂教学就成为一种基本的教学制度，承载着教育的重要功能。从那时起，400 多年过去了，虽然课堂的物理空间、社会空间以及课堂上的师生都发生了很大的变化，但是课堂教学依然是实现教育意图和目标的基本渠道。在信息化时代，除了传统的课堂形态外，还出现了"在线课堂""云课堂"等新的形态，但是课堂教学的本质并没有改变。在新时代教育教学改革中，"重视课堂""回到课堂"的呼声不绝于耳，充分说明了课堂教学在各种各样教育教学途径中的基本地位和在青少年发展中所起的核心作用。在此意义上，魏宏聚教授的新书关注课堂教学这个永恒的教育主题，从选题上是值得肯定的。

　　课堂教学是一个丰富的教育世界，课堂不断上演着一幕幕意味隽永的教育故事。课堂教学也是一个广阔的研究领域，教育学界从不同的理论和方法论视角来研究课堂教学，形成了一个非常丰富的知识世界。有的从哲学的角度来研究，致力于分析课堂教学作为一种认识活动的本质特点；有的从社会学角度来研究，致力于分析课堂教学中师生之间的互动；有的从心理学的角度来研究，致力于分析课堂教学中师生的心理现象和个性心理特征；有的从管理学的角度来研究，致力于分析课堂教学中的权力与控制，等等，不一而足。比起这些已有的课堂教学研究来说，魏宏聚教授则从聚焦"课堂教学切片"开展研究，致力于综合各种理论、方法并自主开发一些研究工具，对课堂教学设计和实施过程中的一些"片段"进行分析研究，以期实现"以小见大""以点带面""窥一斑而知全豹"的目的，将课堂教学诊断、研究、改进与教师的专业发展一体化，体现了课堂教学领域理论解释与实践改进深入融合的价值取向。

魏宏聚教授对课堂教学切片的诊断式研究可谓是情有独钟。从2009年他在一所高中进行教学研究开始，到2016年正式提出"课堂教学切片诊断"的概念，再到该书稿的完成，前前后后经历了十多年的探索和实践，其坚定不移、坚持不懈的态度和精神特别值得肯定。现在的教育研究，如同其他知识领域的研究一样，受到功利主义的影响比较大。研究者们喜欢追逐一些短期的知识目标，往往一个科研项目结束了，就换一个题目或方向做，能够十多年聚焦一个方向持续深耕的人比较少。魏宏聚教授做到了，从理论和实践两个方面不断推进课堂教学切片诊断的工作，在教学研究和实践领域都产生了比较好的影响，得到教学论同行和一线校长、老师们的尊重和认可。对于一位教育学者来说，这是难能可贵、可喜可贺的。

魏宏聚教授比较谦虚，经常向我介绍他的最新研究进展，并询问我的意见和建议。我记得我常常提醒他的有两个问题：一是研究的类型归属问题，另一是研究的理论建构问题。我问研究的类型归属的目的，是希望他将自己的这个研究与教学论领域已有的研究关联起来，说清楚它究竟属于教学论研究的哪个领域哪个分支，从而找到这种听起来名称很新颖的研究主题的归属，找到相关的理论资源，并将自己的研究与既往的他人的研究关联起来。从该书目前的陈述来看，魏宏聚教授将课堂教学切片研究与课例研究、教学设计研究等已有的研究做了很好的关联，比较好地回应了我的第一个关切。我问研究的理论建构的目的，是希望他能够讲清楚：如果他所倡导的课堂教学切片诊断是有效的，那么其内在的理论根据在哪里？从该书的研究来看，他以杜威的实用主义经验论、波兰尼的个人知识论以及实践性教学理论为基础来进行理论建构，虽然不能说已经很成熟，但也给出了他自己深思熟虑的观点和主张，体现了他理论建构的兴趣与勇气。

总的来说，这本书是魏宏聚教授十多年来有关课堂教学切片诊断式研究的一个阶段性总结，对以往课堂教学诊断方法的弊端进行了剖析，对课堂教学切片诊断的内涵进行了阐释，对课堂教学切片诊断的原理进行了建构，并结合实践，就如何开展课堂教学切片诊断式研究进行了具体的说明，而且还举了几个核心学科的案例。我相信该书的出版有助于一线的中小学校长和教师系统了解课堂教学切片诊断的思想，并丰富自己所在学校和科目教学研究的模式选择，对于提升教学质量、促进教师专业成长能够起到支撑作用。我也希望魏宏聚教授未来能够进一步丰富课堂教学切片诊断的学科视角，对课堂教学行为的多样性和复杂性进行更加精致的描述、解释与批判性分析。

是为序。

石中英

2021 年 9 月 1 日

目 录

第一章 中小学传统课堂诊断方法的弊端 ……………………（1）
  第一节 中小学课堂诊断概述 …………………………………（1）
  第二节 中小学传统的听评课方法
         ——定性诊断的局限 ………………………………（6）
    一 中小学传统听评课方法的局限 ……………………………（7）
    二 中小学课堂定性诊断实践的改造
       ——基于影像传声的思考 ………………………………（13）
  第三节 中小学传统的听评课方法
         ——定量诊断的局限 ………………………………（21）
    一 中小学课堂定量诊断的内涵与特征 ………………………（22）
    二 中小学课堂定量诊断工具设计思路及实施 ………………（23）
    三 中小学课堂定量诊断的悖论 ………………………………（25）
    四 中小学课堂诊断方法的价值选择 …………………………（32）

第二章 课堂教学切片诊断的内涵与程序 ……………………（37）
  第一节 课堂教学切片诊断开发的背景与初衷 ……………（37）
    一 走进学校，尝试以研究者的身份进行课堂诊断 ………（37）
    二 如何实现课堂诊断的有效、有力 …………………………（38）
    三 课堂教学切片诊断是在实践中修正完善，
       逐步走向成熟的 …………………………………………（40）

第二节　课堂教学切片诊断的方法与程序 …………………… (41)
　　一　课堂教学切片诊断的内涵 ……………………………… (41)
　　二　校本研究视角下课堂教学切片诊断的程序与操作 …… (44)
　　三　教学切片分析超越传统"听评课"的意义 …………… (49)
第三节　课堂教学切片诊断的几个核心问题 …………………… (52)
　　一　切片观察与整体观察的关系 …………………………… (53)
　　二　在切片诊断中，教的行为与学的行为的关系 ………… (54)
　　三　切片诊断与课堂观察 …………………………………… (55)
第四节　课堂教学切片诊断的成果载体：切片诊断报告 ……… (56)
　　一　选取切片的典型性 ……………………………………… (57)
　　二　逻辑的清晰性 …………………………………………… (57)
　　三　切片报告结构的严密性 ………………………………… (57)
第五节　课堂教学切片诊断在学校实施的程序 ………………… (60)

第三章　课堂教学切片诊断的原理 …………………………… (69)
第一节　实用主义经验论视域下的课堂教学切片诊断 ………… (69)
　　一　为何要重视与重估经验、教学经验的价值 …………… (70)
　　二　实用主义哲学视野下教学经验的内涵 ………………… (76)
　　三　"教学经验"对中小学校核心教学实践的支配 ……… (80)
　　四　从原初经验到反省经验：中小学教师
　　　　"教学经验"概念化的紧迫性 ………………………… (82)
　　五　中小学教师教学经验概念化的方法与路径 …………… (85)
第二节　课例研究视角下的课堂教学切片诊断 ………………… (87)
　　一　教学经验与课例的关系 ………………………………… (88)
　　二　教学经验在课例中的三种形态 ………………………… (91)
　　三　课例研究中提取教学经验的程序与策略 ……………… (95)
第三节　实践性教学理论视域下的课堂教学切片诊断 ……… (100)
　　一　实践性教学理论的基本特征 ………………………… (101)

二　实践性教学理论的两条生成路径 …………………… (104)
　　三　实践性教学理论两条生成路径的本质与关系 ………… (114)
　第四节　波兰尼个人知识理论视域下教学技能诠释 ………… (117)
　　一　波兰尼个人知识观视域中教学技能的特征 …………… (118)
　　二　波兰尼技能观中的中小学教师常用教学技能分类 …… (121)
　　三　"缄默理性"中教学技能的知识结构 ………………… (123)
　　四　教学技能形成路径中的可为与不可为 ………………… (127)

第四章　课堂教学切片诊断在中小学的实践 …………………… (131)
　第一节　大学与中小学合作的理性思考 ……………………… (131)
　　一　大学与中小学合作研究的动因考察 …………………… (133)
　　二　大学与中小学合作研究的困境 ………………………… (136)
　　三　大学与中小学有效合作的条件 ………………………… (144)
　第二节　"课堂教学切片诊断"服务社会的三种方式 ……… (152)
　第三节　课堂教学切片诊断实践的校本研究成果 …………… (156)
　　一　小学语文课堂核心教学设计切片分析报告 …………… (158)
　　二　小学数学课堂核心教学设计切片分析报告 …………… (183)

后记 ……………………………………………………………………… (211)

第一章　中小学传统课堂诊断方法的弊端

课堂教学切片诊断是研究者在实践中探索出来的，是一种具有显著创新性的课堂研究方法，已在中小学实践十余年。作为原创性成果，它在实践中接受检验的原理，在学理上的理论逻辑，都需要认真探索。本书撰写的目的就是要使课堂教学切片诊断在理论逻辑上自明，在实践思路上自洽。

第一节　中小学课堂诊断概述

听评课是当前中小学教研活动中最常见的形式，中小学教师对于听评课无疑是最熟悉不过的了。听评课可以营造良好的教研氛围，可以实现同伴互助，可以检查教师教育教学水平。然而，近些年来的实践考察却发现，听评课逐渐成为"鸡肋"。

观察是人们日常生活中最重要的获取信息的手段，同时也是一切研究的起点，是一种极其重要的科学研究方法。可以猜想，在班级授课制诞生后，判断教学有效与否的课堂观察就产生了。在我国，把课堂观察作为一项教学、教研管理制度来执行，是从1952年开始的。"自1952年教研组在我国产生之日起，听评课便成为普遍采用的教研方式并活跃于基础教育领域。"[1]

---

[1] 方洁：《我国听评课研究二十年：回顾与反思》，《西北师大学报》（社会科学版）2014年第4期。

在中小学场域中,课堂观察有多种称谓,如课堂诊断、课堂研究、教学研究、听评课等,不同的称谓体现了对其功能的不同理解。在学术领域里,课堂诊断被称为课堂研究或教学研究,是从研究的视角来定义课堂观察的,对于实施课堂诊断或课堂研究者来说,在课堂上做研究,不仅是回到了理论的源头——教学实践,而且是理论的应用与发展活动。对于中小学校,即实践领域来说,课堂诊断被称为听评课,这是在对教学进行评价的基础上看待课堂诊断活动的。本书把中小学的听评课活动统一称为课堂诊断,是指以中小学教师为诊断主体的校本教研活动,在中小学实践中,属于校本研究中的核心内容,不包括以专业研究者为主体在中小学开展的听评课活动。中小学课堂诊断,在学校教育教学中具有如下功能。

1. 作为评价课堂教学质量、教学水平的手段

这是纵向考核性的评价活动。评价课堂教学质量与教师的教学水平,是听评课最原始最基本的功能。这种听评课一般采用量化的手段,自上而下,以各学校的"有效教学"量表作为诊断工具,评价出等级,这种形式往往被应用于竞争性赛课活动或学校教师的考核中。基于这一功能,有学者认为:"听评课是对执教教师课堂教学的成败得失及其原因进行的分析和评估活动,是听评课人参照课堂教学目标对师生课堂活动及其结果与影响所作出的价值判断。"[①]

2. 作为校本研究活动,提升教学水平,实现专业化成长的手段

这是横向的同伴互助型的研究活动,在许多学校里,是以制度的方式持续在学校各学科组施行的一种教研方式。它不包含自上而下的考核成分,其目的在于通过观评课,通过同伴间对课堂的分析和相互切磋,以优化教学行为,提高教学水平。"它为教师的专业

---

① 周予新:《谈谈新课程下的评课》,《教育实践与研究》2011年第2期。

合作提供了有效的机会和平台，教师借助于听评课共同体，开展自我反思和专业对话，探究具体的课程、教学、学习、管理上的问题，促使该合作体的每一位成员都得到应有的发展。"[①] 从校本研究的角度来看，学科组集体进行的课堂诊断是一个发现问题、分析问题、解决问题的活动，是一种诊断、交流、合作的研究活动，是一个观念更新、思维转换、行动改造的过程，因而它是一种教师自主建构和专业发展的活动。

无论是在中国还是在西方的学校里，课堂观察都经历了由前专业化到逐步专业化的演变过程，由经验—总结范式向专业—分析范式过渡。早在20世纪二三十年代，西方国家便有了对观察方法探索的最初萌芽，在五六十年代，随着科学主义思潮的兴起，西方掀起了以量化为特征的量化观察。在我国中小学课堂诊断领域，从教育研究方法角度来看，可以分为两种诊断类型：定性诊断与定量诊断。

1. 定性诊断

当前中小学校的课堂观察，仍然表现为一线教师等实践工作者基于感性经验积累所进行的一种日常形式的工作观察。这类定性诊断是中小学最常开展的教学研究活动，也是中小学教学管理的重要手段。这类课堂诊断多在日常教研活动中进行，它的优点是方便、可操作性强，其不足是主观性、随意性强，缺乏专业性与研究性。

2. 定量诊断

定量诊断也是中小学最常采用的课堂诊断方式，量表往往是由学校自行制定的，它常用于评比、选拔。比如表1-1便是某小学采用的定量诊断工具。

[①] 崔允漷：《听评课的现存问题和范式转型——崔允漷教授答记者问》，《基础教育课程》2011年第9期。

表 1-1　　　　　　　　郑州某小学课堂诊断量表

项目	指标	评价内容	得分
教师要求（35分）	备课充分（10分）	准确解读课标、教材与学生，符合课标要求与学生实际；教学目标明确；内容丰富充实；教学重难点突出；布置了课前预习	
	精讲有效（10分）	三个精讲：核心问题精讲、思路方法精讲、疑点难点精讲 讲课时间：40分钟不少于25分钟	
	教学方法（5分）	根据不同教学内容，采用各种有效的教学方法和教学模式，创设轻松愉快的教学情境，充分激发学生学习积极性和创新性	
	学法指导（5分）	学法（读、译、思、问、议、评、练）指导进课堂	
	基本素养（5分）	教师具有深厚的知识储备；具有较强的课堂驾驭能力，有个人风格；语言生动，教态亲切，仪表端庄，普通话标准，板书工整……	

近几年来，一些专业的研究者参与到中小学的基础教育改革中，开发出了基于学术标准的量表，在中小学推广应用，产生了一定的影响。最为典型的为崔允漷教授倡导的基于课堂的专业听评课模式——"LICC 模式"。"LICC 模式"仍是实证主义思维，是基于量表的定量诊断。

在提倡校本教研，教师成为研究者的今天，中小学教师的课堂诊断不仅仅是草根式的教研活动，更应该体现专业化、学术性与有效性。当前中小学课堂诊断存在的问题有三个方面。

1. 学校开展课堂诊断价值取向偏失

中小学课堂诊断的目的为何？毫无疑问是提升教师专业发展水平，提升教学的有效性。但现在许多中小学校已异化了课堂诊断，"很多学校关于听评课的制度仅仅停留在规定每年教师每学期的听评课数量上，其他则无要求。这就使得大部分教师把听评课当成任务，流于形式，只是走走过场而已。"① 促进教师专业成长应是课堂诊断的最终追求，但有的学校把课堂诊断作为考核教师的手段，甚至成了教师专业发展中的"难关"。

2. 教师对待课堂诊断的态度异化

教师对待课堂诊断的态度直接影响着课堂诊断的质量。参与课堂诊断的教师没有深刻地认识到课堂诊断本应是教师专业生活与专业成长的重要组成部分，是教师专业学习的重要路径。其主要表现是"为听评课而听评课"，一是为了完成学校规定的听课任务而参与课堂诊断；二是在诊断时保持沉默，非不得已不发言，发言内容又往往是客套话居多或大而全，不着边际。有学者针对某省教师的听评课进行调查，对于"您在听评课活动中，是否感到无话可说"这个问题，调查结果显示，有 15.51% 的教师感到无话可说，有 43.17% 的教师偶尔会感到无话可说，也就是说，有一半以上的教师在听评课中会感到无话可说。②

总而言之，参与课堂诊断者态度异化，导致课堂诊断"简单处理、任务取向、不合而作的现象集中体现了现代社会的工业思维，也在一定程度上体现了课堂诊断应有的专业性的丧失"③。

3. 课堂诊断缺乏技术与方法

从教育研究方法来看，无论是定性诊断还是定量诊断，课堂诊断过程与方法都应具有教育研究方法的基本特征，但现在的中小学课堂诊断，缺乏的恰恰是技术与方法。因此，最需要改变的是"用业余的思维或方法处理专业的事情"。课堂诊断不仅需要理念的转变，而且需要技术或工具的支撑，但广大中小学教师缺乏课堂诊断的专门知识

---

① 周坤亮：《指向课堂教学改进的听评课》，《教育理论与实践》2011 年第 9 期。
② 张贤金、吴新建：《听评课缘何成为"鸡肋"》，《福建基础教育研究》2012 年第 11 期。
③ 崔允漷：《听评课现存问题和范式转型》，《基础教育课程》2003 年第 10 期。

与技能，导致课堂诊断低效。有学者通过调查研究指出了传统的课堂诊断所存在的九大问题，比较全面地描述了中小学课堂诊断的不足：

1. 教师对听评课本身不感兴趣，"被迫"参加听评课活动；2. 教师不具备听评课的专业能力，不知道如何进行听评课；3. 教师碍于情面不敢说真话；4. 教师听课前准备不足，无从入手；5. 教师自身专业素养不足，无法进行有效反思；6. 教研风气不正、氛围不好，缺乏听评课的环境；7. 由名师、骨干教师主评，其他教师难以参与；8. 教研组织人员组织不当、指导不利，难以引导教师参加听评课；9. 教研组织人员自身缺乏听评课的专业能力，难以指导教师进行有效听评课。[①]

课堂诊断虽然早已存在于学校教育中，但从实际情况来看，专业的课堂诊断在我国整体起步较晚，对其重视程度低，体系、方法也不够成熟。专业学者比如课程与教学论专业、教育技术专业开发的定量课堂诊断方法并没有在中小学实践中加以应用，国外相对成熟的课堂诊断方法也没有被引进中小学校，而且中小学校已有的课堂诊断方法并没有真正有效地促进教师专业成长、课堂教学质量的提升。

第二节 中小学传统的听评课方法
——定性诊断的局限

课堂诊断在中小学校被称为"听、评课或观课"，是采用一定的诊断方法定期开展的校本研究方式之一。对于教师而言，它是一种对话、反思与研究的专业行为；对于学校而言，它又是一种监控和改善

[①] 张贤金、吴新建：《听评课缘何成为"鸡肋"》，《福建基础教育研究》2012年第11期。

教学质量的重要管理活动；从教育研究的角度来看，中小学的听评课活动又属于课堂诊断、课堂研究或教学研究（本书统称其为课堂诊断）。课堂诊断活动在中小学校被赋予了很高的地位与期待，广大中小学校试图通过课堂诊断实现教师的专业成长，提升校本研究质量及实现教学的有效性，但是现存的课堂诊断活动形式化、非专业化与低效现象普遍，其实际效果并不理想，严重制约着教育教学改革实践的深入推进。研究者指出："影响课堂教学改革的重要因素之一是听评课制度的改革。从某种程度上说，习惯了的听评课制度严重制约着新课程的推进，制约着素质教育的落实。"[①] 还有研究者指出，传统听评课"无专业主题、无专业方案以及课堂观察的'贵族化'，导致当前听评课的整体水平仍处于'业余'状态，这是一个技术难题，更是一个文化难题"[②]。

传统听评课如何改进呢？从国内外的教学研究来看，教学视频研究呈现出方兴未艾的趋势，再比如早期最为典型的微格教学分析以及近几年来教育技术领域兴起的各种基于视频的定量诊断方法，都是借助教学视频的教学诊断，助推教师专业成长。我们是否也可以借助教学视频（录像），对传统中小学的听评课进行改进呢？结合笔者十余年来基于视频的教学研究实践，本节拟以视频分析改革传统听评课，使听评课真正成为教师专业学习的理想途径。

一 中小学传统听评课方法的局限

从研究方法角度来看，中小学采用的课堂诊断可采用的方法分为两大类：一类是定性诊断（质化评价），常见的流程是先听课（观课），然后是课后自由发言评价，诊断工具是教师自己；另一类是定

[①] 尤炜：《听评课的现存问题和范式转型》，《当代教育科学》2007 年第 24 期。
[②] 张菊荣：《课堂观察：基于主题、证据和反思的专业化听评课》，《江苏教育》2019 年第 6 期。

量诊断（量化评价），诊断工具是量表，基于量表进行随堂评价，课后作出发言评价。这二者共同组成了中小学课堂诊断实践活动，其中前者更为普遍。本书聚焦于前者——中小学定性诊断来透视其局限性并加以改进。

（一）传统听评课对"教学目标"诊断实录

定性诊断是最常采用的、广泛存在于各中小学校的课堂诊断方法，受质疑最多的也是这种方法，它可以被称为传统的课堂诊断。下面是关于一个中小学校传统定性诊断现场的记录，选取了对"教学目标"的诊断过程，借此案例思考传统听评课的特征及局限性。[①]

1. 时间、人员：2016年5月25日下午，周一，是全校文科集体教研活动时间，全体历史学科初、高中（完中）15名教师开展"听评课"活动

2. 研究的课堂：高中历史课《危局新政——罗斯福新政》

3. 教学内容与预设的教学目标

本课的前一课时讲述了1929—1933年资本主义经济大危机，这是罗斯福新政产生的重要历史背景，教材中指出："罗斯福新政虽是解决经济问题的急救措施，但它的实施却引起了一系列政治、经济和社会变革，在美国历史上留下了深刻的印迹，对后来资本主义世界的发展也产生了深远的影响。"同时新政的措施也有现实意义，对于现在我们建设社会主义和谐社会有借鉴作用。

教师预设了如下教学目标：

（1）通过创设情境，使学生了解罗斯福新政的背景。

（2）通过展示罗斯福新政的主要内容，认识其特点。

（3）通过合作探究，理解罗斯福新政在资本主义自我调节机制形成中的作用。

[①] 本案例采集于2016年郑州某完中历史课堂诊断现场。

4."教学目标"定性诊断过程实录(诊断内容较多、时间较长,这里只截取了对教学目标的诊断片断)

观课团队共有15人,为历史学科初、高中教师。观课后,先由上课教师简述本节课的教学设计及得失,然后由观课教师自由发言,共有五人发言,发言者全凭经验进行口头发言,从优点与不足两个方面进行评价,教师评价的主题包括教学目标预设、小组合作、有效提问等方面,也有个别进行重复评价的。其中,针对本节课教学目标的预设,有三位教师进行了评价,皆认为其预设比较优秀,并解释了"优秀"的原因,其中学科组长是这样点评本节课教学目标预设情况的:

本节课教学目标预设比较优秀,值得学习。因为目标制定具有层次性,目标表述中用了"了解""认识""理解"三个动词,所使用的行为动词具有操作性,内容上具有层次性,所以,本节课教学目标的制定体现出较强的操作性,值得学习。

本节课教师教学目标预设的优缺点明显:

1. 优点,目标预设中运用了具有层次性的行为动词"了解、认识、理解",使得教学目标呈现出层次性,这是其优点。在评价中,学科组长指出了这一点。

2. 缺点,目标内容不全面、不完整。从内容上看,缺失了一个重要的情感态度与价值观目标。结合本节课的教学内容"罗斯福新政",其情感态度与价值观目标是教给学生正确的历史观,即正确认识"罗斯福新政的本质,它的腐朽性、历史局限性是不容忽视的,它只是资本主义制度发展过程中的一个微调"。"罗斯福改革的历史局限性"——这一重要的目标内容却没有在教师预设目标中体现出来,学科组长在评价时,竟然也没有指出这一目标预设"不全面"这一重大不足,而是一直强调其优点即"具有层次性"。

上述评课活动代表了中小学传统定性诊断的重大不足:其一,传统的课堂定性诊断缺乏专业的标准，凭个人感性经验进行诊断。在上述案例中，诊断者诊断的是教学目标的预设，他们应了解教学目标预设的基本标准，这样诊断结论才会准确、专业。显然，诊断者并不了解教学目标预设的标准比如全面性原则，而只是抓住了可操作性特征进行分析，其结论显然有失偏颇，是不全面的。其二，不是每位教师的经验都是优秀的，因此依靠个人经验进行中小学教学定性诊断，其结论往往不专业、不准确，甚至会误导教师的专业发展。

（二）中小学传统的定性诊断的特征、局限

中小学传统的课堂教学诊断，属于定性诊断。从教育研究方法的角度来思考，定性诊断只有具备固定的模式，才是科学的定性诊断。比如，定性诊断在研究前要进行研究设计或准备，陈向明在其著作中指出，定性诊断设计一般包括几大部分："1. 研究的现象与问题；2. 研究的目的和意义；3. 研究情境；4. 研究方法的选择；5. 研究评估和检测手段。"[①] 中小学传统的定性诊断，可以不必严格照搬上述设计要求，但基本的要素应具备，这样才能使得诊断过程与结论"科学"。比照上述定性诊断要求，中小学传统的定性诊断的局限与特征如下：

第一，传统的定性诊断，诊断者缺乏必要的诊断准备。

在进行教学诊断时，每位诊断者都要思考：我应该如何进入教学现场？要作出理想的定性诊断，研究者就要与被研究者进行充分的沟通，以便于充分理解被研究对象。作为对教学行为的诊断，研究者肯定要了解教学活动的意图及学情，进而判断教学的有效性，还应了解上课教师的专业发展状态，以便能准确理解教师的教学行为所表达的意义。但在传统的听评课活动中，听课教师（诊断者）与上课教师在上课前处于零交往状态，诊断前也没有获取上课教师的教学设计方案

---

① 陈向明：《质的研究方法与社会科学研究》，教育科学出版社2000年版，第76页。

等资料，对于将要研究的对象几乎是一无所知，全靠现场的即时判断。

第二，当事人以其不完整的"经验"作为评价工具。

定性诊断无专门的诊断工具，评价者即为评价工具，评价无标准，以当事人的视角、经验评价所看到的教学活动，因此诊断者关于诊断对象的原有经验水平制约着诊断的质量。

定性诊断结论的准确与否，完全依赖于诊断者本人经验的质量，拥有优秀经验的教师，其结论可能是准确的；而没有拥有优秀经验的教师，其结论就可能是偏颇的。在没有明确的评价对象的情况下，一节课究竟评价什么，如何评价，则完全依据评价者的主观判断，因此评价结论主观性、随意性大。许多老师认为，听评课是理所当然的事，甚至认为"会上课的老师自然就会听评课"。所以，在定性诊断中，诊断者个人背景以及与被诊断者的关系对研究过程及结果的影响必须加以考虑。否则，诊断结论往往难以科学化、专业化。

第三，以"纸笔记录"的形式采集信息，教学情境信息与意义易流失。

课堂诊断是以采集的信息作为评价重要依据的，也是进行有效诊断的基础与前提。但传统的定性诊断依靠的是人工纸笔记录课堂信息，由于教学活动的时间性与一过性，人工无法全面、准确地记录课堂信息，往往会造成有价值信息、关键信息的流失，影响随后诊断结论的科学性。比如，在传统的听评课活动中，一般是在连续观察两节课后再进行课堂诊断，在听完第二节课后，诊断者脑海里只有第二节课的印象，关于第一节课的信息几乎全部遗失了，需要借助笔记加以回忆。

第四，诊断评价无目标，属于漫谈式。

中小学课堂教学活动，存在着相对固定的教学设计活动，因此中小学课堂诊断，存在着相对固定的诊断话题。比如，关于教学目标，几乎是每节课都必须诊断的主题。因为目标是一节课成功的基础，既是一节课的起点，又是终点，其预设的质量高低严重制约着教学的有效性，但许多课堂诊断并没有针对教学目标的预设进行。总之，中小学课堂教学的定性诊断属于无明确诊断指向的诊断，诊断主题的全面与否，严重制约着诊断质量。

明确的诊断目标牵引着我们的观察方向与诊断内容。"我们看到了什么，常常由我们想看到什么或准备看到什么所决定。"[①] 传统的中小学课堂诊断观察与发言属于漫谈式的，教师观察什么、发言讲了什么，几乎全是个人的理解，属于无方向的漫谈式诊断。

传统的中小学课堂定性诊断，最大的困境在于：诊断工具、过程都缺乏专业性的改造，毕竟课堂诊断属于科学研究活动，它应具备基本的科学要求，比如诊断工具、诊断结论等，应符合基本的科学研究要求。但目前的中小学课堂定性诊断，一无专业的诊断标准，二无专业的信息采集工具，三无专业的诊断过程，过于遵循中小学校一贯的实践逻辑，导致诊断效果偏离了其基本的价值追求，不能以此促进教师的专业成长，提升教育教学质量。所以，它必须进行改革。一位中学教师是这样评价他们的课堂诊断活动效果的："平时，我们学校也在搞听课评课活动……但那是一种自然状态下的常规举措，缺少理论的引领和规范的操作，其针对性、实效性、系统性、科学性均不强，因而也就不能从根本上改变我们的观念，改变我们课堂教学的行为方式。"[②] 研究者是这样评价传统的定性诊断的：传统听评课是"去专业"的，缺乏专门的听评课知识，简单化处理，总以为有教学经验、自己会上课就会诊断课。[③] 定性诊断存在着明显的"专业性"不足，

[①] 周文叶：《教师应如何进行课堂管理》，《中小学管理》2008年第4期。
[②] 郭志明：《让课堂诊断走向常态和精致》，《江苏教育研究》2009年第5C期。
[③] 尤炜：《听评课的现存问题和范式转型》，《当代教育科学》2007年第24期。

最后得出的是"无理论的建议",无法实现课堂诊断实践的基本价值追求,因此,对其进行改革势在必行。

二 中小学课堂定性诊断实践的改造
——基于影像传声的思考

影像传声是当前在美国等国家流行的参与性行动研究策略,是定性诊断方法。它于20世纪90年代初由卡洛琳(Caroline)和玛丽·安·伯里斯(Mary Ann Burris)创立。影像传声在当今的美国、英国和我国的香港地区被广泛应用。

何为影像传声,"影像传声是人们通过利用特定的摄影技术和视觉形象的直接性来提供证据,识别、表征、增强自身对社区的理解和认识,承担自身变迁过程的触媒,从而达到参与社会生活并唤醒他们对自身和社区问题的批判意识"[①]。影像传声是以被研究对象的影像作为研究对象,影像为理解对象的载体,研究者以参与的方式记录、研究被研究对象,以定性的方式解读研究对象的意义。

我们也可以将其应用于传统听评课的改进中,将影像传声应用于传统听评课定性诊断改进具有一定的适切性。

1. 课堂诊断属于对人的诊断,适切的方法应是定性诊断。定量诊断一方面难以全面反映所研究的事实,另一方面也缺少研究中的"人"味,影像传声是典型的定性诊断,教学影像可以有效承载教学有效性的意义,可以满足中小学课堂诊断的价值追求。

2. 影像传声是参与式研究。课堂教学研究也属于参与式的行动研究,研究者与被研究者同属于教学的实践者,对于同一节课,研究者可以站在自己实施的角度思考上课者的教学活动,这是另一种意义上

[①] 田振华、毛亚庆:《作为定性研究方法的影像传声:理论与实践》,《教育发展研究》2020年第4期。

的参与式行动研究。

3. 影像是影像传声研究的工具与载体。影像也是研究课堂教学的传统载体，比如微格教学分析，影像在研究教学中具有无法超越的优势，它可以全息化地记录教学信息，实现"传声"的目的。

影像传声最初是一种社会学研究的方法，是研究者借助影像等手段，对社会生活中人的行为的研究。通过为研究者提供经过选择的"视觉形象材料"，传递人与社会、人与人之间抑或是内部发生的种种现象，从而达到参与社会生活并唤醒他们对自身和社区问题的批判意识。中小学传统的听评课，也是一种参与性研究，是对课堂教学中教与学行为的研究，并且借助教学录像进行教学行为研究早已有之。笔者借助教学视频对课堂教学的研究已有十余年，探索出了课堂教学视频分析的程序，下面针对传统听评课的不足，借助影像传声的基本步骤，改造传统听评课方法。

（一）制作影像传声的基本材料：录像

影像传声，本质上是借助影像，解读影像中人的行为的意义。社会学在进行影像传声研究时，需要招募摄影者，根据一定的主题拍摄影像。在中小学课堂诊断中，完全可以把教学活动以影像的方式保存下来，借助教学影像解读教师教与学行为的效果及意义。这对于传统的课堂教学诊断，不仅必要而且可行。由于教学情境具有情境性与一过性，仅靠纸笔记录不可能保全教学情境中的全部信息，而录像则可以全息化地记录教学情境，为教学诊断提供全息的信息。当前多媒体技术的发展，使得对教学活动进行录像极其简单，特别是许多中小学校配备了录播教室，使得教学录像在不干扰上课教学活动的情况下，自动化地进行录像保存。保存下来的录像，可作为听课后教学分析的重要对象与载体。

（二）提供相对稳定的预设观察框架，确保课堂诊断的指向性准确

作为定性诊断方法之一的影像传声，其中重要的做法之一是在拍

摄影像之前，给研究者提供研究的主题。"影像传声要聚焦研究主题，因此要告知招募来参与研究的拍摄者研究的主题是什么，拍摄者要紧紧围绕研究主题而展开资料搜集。"① 针对中小学课堂的定性诊断，能不能也提供研究主题呢？

中小学定性诊断最大的缺陷是"漫谈"，由于没有明确的评价框架或对象，因此往往是随意发言，基于个人经验来确定发言的内容，常常出现这种现象：该评价的教学活动没有得到评价，不该评价的活动却被评价了，因此，提供一个相对宽泛的诊断框架，确保诊断主题的明确、全面，是非常必要的。我们可否依据课堂教学的本质属性，为中小学传统的课堂定性诊断提供诊断方向呢？

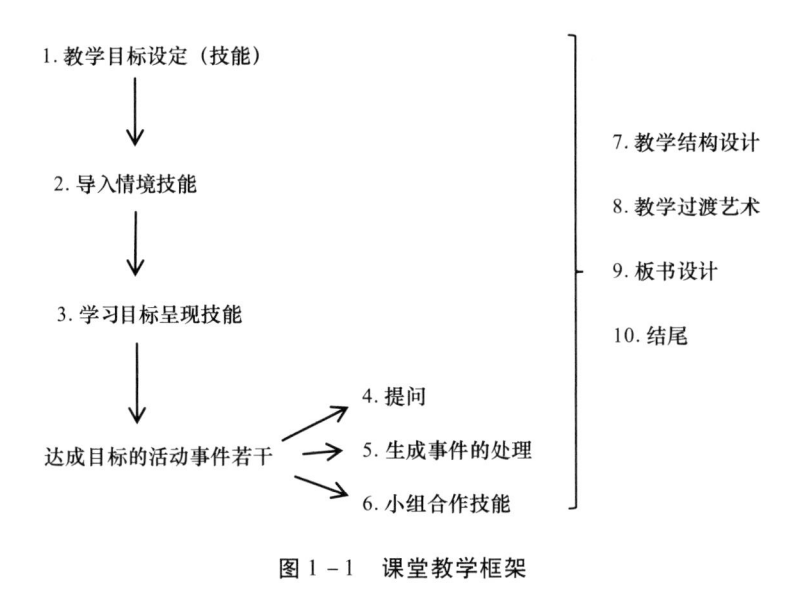

```
1. 教学目标设定（技能）
        ↓
2. 导入情境技能                      7. 教学结构设计
        ↓                            8. 教学过渡艺术
3. 学习目标呈现技能                   9. 板书设计
        ↓                           10. 结尾
达成目标的活动事件若干 → 4. 提问
                     → 5. 生成事件的处理
                     → 6. 小组合作技能
```

图 1-1　课堂教学框架

实施班级授课制的中小学校课堂教学，其基本流程都是一样的，

---

① 田振华、毛亚庆：《作为定性研究方法的影像传声：理论与实践》，《教育发展研究》2020 年第 4 期。

因此，存在着一些共性的教学设计活动，比如，目标设计、导入设计等。这些共性的教学设计主题，是稳定地存在于每一节课上的，是决定教学质量的关键性教学设计，是每一节课都应诊断的主题。能不能按照中小学常见的教学流程，为中小学课堂定性诊断提供一个相对稳定的诊断对象，以确保教师在自由发言时不偏离主题，确保诊断结论全面、准确呢？结合中小学教学活动的基本流程，再结合笔者的长期观察，可为中小学课堂定性诊断提供一个教学框架（见图1-1）。

这种教学设计框架涵盖了中小学课堂教学几乎所有的活动，因此也是课堂诊断的对象。当提供这样十个诊断主题后，传统的课堂定性诊断就有了明确的诊断对象，可以避免"漫谈"式诊断的跑题。这里需要说明的是，这样十个诊断主题，只是给诊断者提供了一个预设的观察框架，并非每一节课都要分析这十个主题，诊断者可以根据自己的经验，选择教学中典型的教学活动进行分析。此外，教学是预设与生成的统一，教学中生成的典型教学活动，仍是诊断者诊断的对象。

（三）提供相对稳定的教学设计标准，确保定性分析的专业与准确

定性诊断，是指以诊断者为诊断工具，诊断者的专业知识与专业素养严重制约着诊断结论的科学性。中小学传统的课堂定性诊断，之所以受到批评，根本是因为诊断者缺乏关于教学设计的理论或教学设计的诊断标准，被批评为"评课无依据"，结论不准确。放眼国外的定性诊断操作，我们发现其提供了一定的诊断标准。

比如，"美国学者哈伯特和阿特里奇在广泛考察美国当时的定量课堂观察体系后，于1975年提出了课堂观察体系设计的三个维度、若干细目的参考标准……该标准为质化检验提供了很好的范本"[1]。

---

[1] 刘晓慧：《美国中小学课堂观察工具研究》，《课程教学研究》2016年第12期。

表 1-2　　　　　　　　　　课堂观察体系设计的维度

维度	参考信息
鉴定性标准	为使用者提供依照自己的研究目的而选择正确工具的信息
有效性标准	为使用者提供准确、全面地描述被观察对象或事件的信息
实用性标准	为使用者提供结果处理方面的信息

资料来源：转引自刘晓慧《美国中小学课堂观察工具研究》，《课程教学研究》2016 年第 12 期。

可见，质化检验也即定性诊断，仍然需要提供相对客观的评价标准，以确保评价结果的客观、准确。基于课堂教学中上述十个教学设计主题，如果能提供相应的教学设计的操作性原则或标准，则可以作为教师进行定性诊断的理论依据，以提高评价的专业性与准确度。这里的教学设计标准有两个来源：

一是提供相应的理论文章，在集体教研活动时间里组织教师进行集中学习，从相应的文献中提取可操作性标准。以这一思路使一线教师获取诊断教学的理论标准，已在中小学实践多年，不仅可行，而且效果良好。比如，关于小语识字教学的理论标准，某小学语文学科组，通过阅读两篇关于小语识字教学的文章——《小学低年级识字写字教学中的问题与对策》（《天津市教科院学报》2014 年第 2 期）、《识字教学新思考——人教版小语二年级上册识字教学实践报告》（《新课程学习》2013 年第 12 期），研讨提出了如下"识字教学原则"，为小语识字教学诊断提供了理论依据，确保诊断的专一、准确：

1. 识字环节有趣，符合学生年龄和认知特点。
2. 识字方法多样化，激发学生学习的积极性。
3. 识字与学文相结合，综合理解汉字音形义。
4. 在识字教学中渗透汉字文化，使识字教学更具厚重感。
5. 在识字教学中恰当地运用现代化媒体手段，提高课堂教学的效率。

二是通过若干典型的教学设计活动，提取该教学活动的操作经验以生成教学设计原理。比如，以导入设计为例，可以选取若干节课堂教学活动的典型导入，归纳提炼支配性导入活动的教学经验，生成导入设计原理；再比如，可以选择若干优秀的小组合作案例，归纳小组合作操作原理。上述做法本质上是归纳个体教学经验以生成实践性理论，在赫斯特看来，属于"通过实践性对话，勾勒教育实践者所持有或表述的独特的概念、术语、信念和原则，不仅有助于凸显教育实践的缄默维度，而且为对实践本身进行公开的理性批判提供了平台"[①]。这样归纳出的实践性理论，其特点是以"实践原则"为主体，是基于一线教师的典型实践经验的归纳、提炼，是一线教师个人实践性知识的显性化、公共化，具有很强的可操作性，便于一线教师掌握使用。

比如，对于导入设计，笔者通过若干优秀的导入活动，归纳出如下的导入设计原理：

理想导入的功能与操作要求：

（一）定向激发兴趣，吸引注意力

选材要有趣味性，激发兴趣一定要指向教学内容，选材要与教学内容紧密结合。

（二）导入新知

1. 提炼出与新知相关的要素，引出新知。
2. 基于认知困惑，巧妙地引出新知。

（三）导入厚重的两种做法

1. 与教学目标紧密结合，有利于目标达成，导入显得厚重。
2. 导入素材在教学中的再利用，达成目标，充分发挥导入素材的价值。

---

① 程亮：《教育学的"实践"关怀》，博士学位论文，华东师范大学，2006年。

笔者所归纳出的结构是"功能—手段"式的，也即首先根据优秀设计所要达到的效果，归纳出此类教学设计的教学功能，然后归纳出实现该教学功能的操作手段，这种理论结构属于典型的"实践性教学理论"结构。所谓"功能"是指论述该教学设计所能达到的教学效果；所谓"手段"，即指实现该功能的操作方法。"功能—手段"——这是实践性教学理论最为核心的要素，按照"功能—手段"的理论结构，归纳生成教学中核心教学设计的操作原理，也是教学诊断的专业依据，以提高中小学课堂定性诊断的专业性与准确性。

（四）制作"影像传声"的教学切片分析报告

中小学传统的课堂诊断因缺乏"研究"性，而被批评为无研究的"课堂研究"，基于影像传声的定性诊断，则体现了"研究"的特征，是对发现的典型教学设计活动进行专业的学理分析，是提升教师研究素养，培养研究型教师的重要抓手。

教学切片是实现影像传声的基本载体，它是把观课中发现及在第一次议课中所指出的教学典型活动截取出来的教学录像片断。教学切片体现了教师的教学典型经验（优秀典型或不足典型），是最值得分析的教学活动。如果是优秀经验，可以通过切片分析报告提取出来，供其他教师借鉴；如果是不足经验，同样可以通过切片分析报告提取出来，供其他教师镜鉴，最终实现教师教学设计能力的提升，实现教学的有效性及共同成长。

教学切片分析报告本质上是一个学术报告，是对教学中典型教学活动的专业分析，它是以PPT的形式呈现的，具有学术报告的基本要素。关于教学切片分析报告内涵及制作要点，在随后的章节中笔者将进行具体阐述。

制作、汇报教学切片分析报告，是体现听评课"研究"属性的重要载体，是实现影像传声的媒介，同时也是培养研究型教师的重要路径。具体而言，是以观课、第一次议课中发现的典型活动所代表的教学设计为分析主题，以该典型教学活动录像片断为案例或论据，阐释某教学设计的操作原理，同时评价该教学活动的典型之处（优点或不足），实现基于影像实事的评价。对中小学课堂定性诊断的改造，是基于定性诊断的局限性、中小学教学的实践特点、教学的本质属性及课堂诊断的基本要求做出的。结合教学诊断，可以重新定义中小学课堂定性诊断中的影像传声：

教学诊断中的影像传声，是截取教学活动中的典型活动片断，来识别、表征教学设计活动的原理，增强参与评课教师对教学活动原理的理解和认识，从而达到理解教学活动的发生机制与原理，掌握并且应用教学活动的原理，提高教学的有效性与教师专业发展水平的目标。

（五）影像传声——课堂教学定性诊断流程

基于影像传声对传统课堂定性诊断的改造需要进行两次议课：第一次议课是在听课后，实施的类似于传统听评课的议课，只不过是基于标准进行的课堂分析，且是有明确指向的议课。第二次议课是基于第一次议课的结论，借助影像片断（切片），汇报基于教学切片的分析报告，报告中的每一个观点，都应附带并呈现出该教学活动的录像片断，观点与教学切片一一对应，实现影像传声。教学切片分析报告是教师在业余时间制作的。第二次议课一般放在第一次议课的下一周集体教研活动时进行，由教学切片分析报告制作者讲解教学切片分析报告。制作并汇报教学切片分析报告对中小学传统课堂定性诊断的改进如图1-2所示。

从中小学课堂教学定性诊断的流程来看，教学切片分析报告反映的是把议课中教师们的诊断意见条理化、专业化与理论化的过程，它是基于教学片断来表达教学设计的典型之处。在制作及呈现教学切片分析报告的过程中，教师提升了研究素养，掌握了相关教学设计原

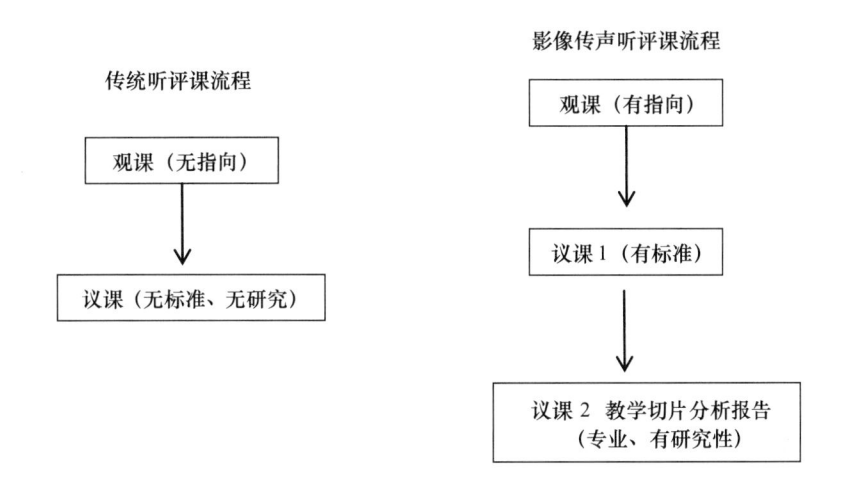

```
传统听评课流程            影像传声听评课流程

  观课（无指向）            观课（有指向）
       ↓                         ↓
议课（无标准、无研究）      议课1（有标准）
                              ↓
                    议课2 教学切片分析报告
                       （专业、有研究性）
```

图1-2 中小学课堂定性诊断改进流程

理，是培养研究型教师的重要路径；切片报告汇报过程，将使全体学科组成员再一次把课例中所体现的教学设计原理，以系统化的理论方式内化为自己的专业素养，提升自己的专业水平，为教学的有效性奠定理论基础。

综上所述，基于典型教学片断，制作教学切片分析报告，是中小学校传统的课堂定性诊断的重要变革，是实现影像传声的适切路径，该方法已在实践中探索十余年，在河南省内外数十所中小学校实施，取得了良好的实践效果。十余年的实践表明，它不仅必要，而且是可行的。

第三节 中小学传统的听评课方法
——定量诊断的局限

课堂诊断在西方的发展至今已有八九十年的历史，在我国的中小学课堂上，课堂诊断也早已存在。根据诊断工具及诊断方法的性质，可以把我国中小学校的课堂诊断方法应用大致可以分为三类：经验主义方法、科学实证主义方法与多种方法混合运用。经验主义方法就是传统的听评课，没有诊断工具与指标，观察记录依靠纸笔，随意性大，评价教学的依据是个人经验，其结论具有较大的主观性，被一些学者称为三无诊断（无合作、无证据、无研究）。从研究方法的角度判断，这一传统的课堂诊断方法属于定性诊断。科学实证主义方法是受实证主义的影响，依据量表进行课堂观察与评价，其结论具有相对的客观性，也即本书所说的定量诊断方法。多数学校目前是这两类诊断方法并存，既有经验主义的传统听评课，也有基于量表的实证主义课堂诊断。

一 中小学课堂定量诊断的内涵与特征

中小学课堂教学定量诊断指的是以量表为工具，以中小学教师为诊断主体，作为学校常规教学管理之一，对教师的课堂教学效果进行现场评价、打分的课堂诊断方法，俗称听评课，也叫课堂观察。中小学课堂诊断谋求学生课堂学习的改善，促进教师专业发展。"课堂观察利用观察量表从不同视角解剖课堂，用观测的数据科学、理性分析课堂教学，为评课、议课和教学改进提供第一手资料。"[①]

中小学课堂定量诊断，属于中小学校的常规教研活动，也是常规教学管理活动，它具有以下特点：

1. 作为学校的常规教学管理活动，课堂诊断呈现常态化，比如有的学校每周都进行同课异构活动，全体学科组成员轮流上课，不上课者即为诊断者，参与现场诊断评比，以此提升学校的教学质量，实现教师的专业化发展。

---

① 李营：《课堂观察量表设计中的偏失及改进策略》，《中国教育学刊》2013年第5期。

2. 作为学校常规教研活动，课堂诊断是校本研究的核心内容。学校试图通过定量的课堂诊断活动，提升教师的研究能力、上课能力，培养研究型教师。

3. 课堂诊断活动体现了校本研究的特色：诊断主体是一线教师，他们既是诊断者又是被诊断者；诊断的目的在于促进其自我成长及群体成长，特别是上课能力的提升，教师专业化水平的提升。

4. 诊断工具多为自我设计或借鉴他校的做法，缺乏科学论证。

由于每个学校都视这种定量诊断为教学管理与教研活动的核心内容之一，因此各自都有自己的诊断量表。这些量表要么是学校自我设计的，要么是借鉴兄弟学校的，更有甚者，把诊断量表的校名替换一下就作为自用的诊断工具。作为实证研究的重要工具，量表需要严格的设计、论证，但中小学校的课堂诊断量表，多为自我设计或改造的，缺乏科学论证。

二 中小学课堂定量诊断工具设计思路及实施

定量诊断，最重要的核心要素是课堂观察量表。"课堂观察量表是供观课者使用的、用于记录课堂教学各环节中特定观察点及观察要素下的各种教学行为表现、为研究问题寻找分析证据的观测工具。"[①]量表是定量诊断的基本工具，各学校采用的量表不同，但其所依据的原理与操作程序基本一致，表1-1和表1-3是中部与东部地区两所小学所用的定量诊断工具。

这两个诊断量表大同小异，在诊断量表设计结构与思路方面，是完全一致的，不同的是对"好课"的判断标准不同，也即诊断维度与诊断指标有差异。这种定量诊断方法，在中小学校里也被称为指标性诊断，是最为典型的定量诊断方法，在整个中小学校里极具代表性。

---

① 环敏：《基于问题的课堂观察量表研制》，《当代教育科学》2018年第10期。

表 1-3　　　　　　　　上海某小学课堂诊断量表

评价指标		10—9分	8—7分	6—5分	4分以下
教学目标	目标明确、具体、适切，符合学科课程标准和学生学习实际				
教学内容	内容正确充实，符合学生认知规律，突出重点，联系实际				
	凸显学科内涵，能整合教学资源，力求恰当、有效				
教学过程	激发学生兴趣，培养旺盛的求知欲。学生学习主动、积极、投入，敢于质疑，勇于发表自己的看法				
	关注全体，重视学法指导，注重启发性和针对性。教学方法灵活、生动，注意生成资源，发挥教学机智				
	教学环境有序、互动、民主、和谐				
教学效果	落实"双基"，增强体验，身心愉悦				
教师素养	为人师表，教学基本功扎实，技术运用得当				
	学科功底厚实，知识面广，有探求新知的热情				

（一）中小学课堂定量诊断量表设计思路

量表是中小学定量诊断的核心，也是诊断工具。量表结构一般包括三个要素。

1. 好课的维度，也即观测点。这些量表是以设计者所理解的"好课"为基础，把好课的特征分解为若干观察点及细化的评价标准并赋予分值，以此诊断教学活动的优与劣。由于各学校或量表制定者对"好课"的理解不同，因此这个观测点各不相同，而且有时差异比较大。比如量表 1-3，它就把课堂教学分为四个维度，分别是教学内容、教学过程、教学效果及教师素养；量表 1-1 把课堂教学分为五个诊断维度，分别是备课充分、精讲有效、教学方法、学法指导与基本素养。

2. 对每一维度"好"的判断标准或指标。每一观测点都被设定若干"好"的标准或指标，这是判断教学活动或教学行为好与坏的依据。

3. 赋予指标分值。这个分值是根据每一维度在整节课中的重要程度及量表设计者的理解而设定的，比如表 1-1 中的"精讲有效"就被赋予 10 分，而"学法指导"只被赋予 5 分。每一指标又根据"好"的程度，被分为若干等级，每一等级又被赋予不同的分值。

(二) 中小学课堂定量诊断流程

中小学课堂定量诊断是各学校较为正式的教学诊断活动之一，一般是由学科组组长带队，学科组全体成员参加，由一位教师上课，其他学科组成员边观课边对照量表进行诊断、打分，下课后统计每一位成员的打分，得出平均值，平均值即为该课堂教学的诊断结果，也是对上课教师教学水平的评价。

中小学课堂定量诊断在中小学领域有两种应用：

一是日常教学诊断。日常教学诊断作为学校常态的集中教学研究活动，每周都要进行。全学科参与，一人上课，其他成员作为诊断者，诊断者边听课边评价打分，一般在观课结束时，评价分值即已得出，同时对上课者给予口头点评，肯定对错，并指出修正建议。但口头点评是随意的，类似于传统的经验性诊断，给予或不给予建议，如何讲，全凭个人理解。

二是选拔性诊断。在教师选拔如公开课评比中，常常用该方法对讲课选手进行评价。课堂诊断者在现场根据教师在相应观测指标下的表现，依据个人经验，给予上课者相应的分数，最后根据全体观课者对被观课教师各项打分的平均值的高低来判断教学效果的好坏。

三 中小学课堂定量诊断的悖论

中小学课堂定量诊断是对传统经验性诊断的改进，是对定性分析的改造,是基于证据、事实的诊断。中小学课堂定量诊断是实证主义范式对教育学的影响在教学领域的反映。实证主义范式起源于19世纪三四十年代,孔德、斯宾塞和穆勒是其代表人物,他们坚信实证主义方法是科学的方法,可以解决人类的一切问题,包括教育教学问题。一些学者认为:"不用事实判断的方法,怎么能把握教育活动的客观性和真实性?不用实证的方法,如统计与测量,怎么能把握教育活动的普遍性?"[①] 对于课堂诊断,学者有这么一个信念,即"基于证据的听评课",这个"证据"可以被理解为定量诊断中的"数据"。但是,对教学的任何诊断,其诊断工具或手段只有符合教学的本质属性,才有可能是"科学"的,否则就不能准确、全面地作出诊断。

(一) 观测点的预设与教学生成的悖论

定量诊断的优势在于它有预设的诊断指标,超越了传统定性诊断仅凭经验、主观性强的不足,实现了诊断依据的客观性,进而实现诊断结论的科学性。理想的课堂诊断应客观、全面,这体现在诊断指标的设定上,量表的设计者尽可能将他心目中"好课"的特征全部转化为评价指标,以此涵盖"好课",判断"好课"。

比如上文的两个诊断量表,它们预设的好课的判断维度不同,表1-3中有教学效果这一诊断标准,表1-1中则没有;并且其共同的诊断维度如教学过程中的教学方法,其具体的诊断标准也不尽相同。这表明定量诊断的标准也是不客观、不确定的,不同的量表设计者对好课的理解千差万别。定量诊断指标的不确定性至少由三个因素所导致:

1. 不同的量表设计者,对好课的理解不同,其预设的好课标准就不尽相同。

2. 不同的教学内容、不同的学情,其好课的标准也不尽相同。

---

① 扈中平:《教育研究必须坚持科学人文主义的方法论》,《教育研究》2003年第3期。

3. 教学的生成性使得无法预设生成标准。对于好课的判断，不仅要考虑预设的科学性还要考虑生成的精彩性，但生成是无法预设的，因此这也使定量诊断无法诊断"生成"的精彩性。

教学的生成属性使得课堂教学呈现出千变万化的形态，但定量诊断却试图用统一的诊断工具、统一的诊断标准去诊断一所学校千变万化的课堂。这里的悖论是不言而喻的，有的学者指出了统一量表的局限性：①

统一的量表，各中小学校都是"一张量表打天下"，导致课堂诊断、观察平面化，不能体现出观察对象的特质，模糊了课堂教学的一些特性问题，如学科特征不突出，课型特点不明显，教与学的内容不受重视。

教学有法，而教无定法，这是对教学本质属性的描述，它准确地概括了课堂教学的特点。定量诊断的本质是要诊断教学的"有法"部分，或具有普遍性的教学现象；对于"无定法"即教学的艺术性特点，则超越了定量诊断的范畴，中小学课堂定量诊断的悖论，是教学本质属性与定量诊断功能的矛盾。"在课堂观察中，人们往往以量表或数据为依据，重视理性的分析，忽略了包含教学个性的细节，比如教师的教学风格、教师的个人特征、学生的性格特点等，使课堂观察显得共性有余而特点不足。"②

总之，课堂教学的生成属性，使得定量诊断的预设诊断指标不可能涵盖一节"好课"的全部特征，也不可能对一节课实现全面、准确的诊断，这是所有定量诊断永恒的悖论。

（二）诊断标准的普适性与诊断要求准确性、可操作性的悖论

定量诊断的优势就在于观测点的准确、精细，使得诊断结论客观。当前广大中小学校所使用的诊断量表是适合所有年级、所有课

---

① 李营：《课堂观察量表设计中的偏失及改进策略》，《中国教育学刊》2013年第5期。
② 李营：《课堂观察量表设计中的偏失及改进策略》，《中国教育学刊》2013年第5期。

堂教学活动的量表，因此，理论上分析量表的观测点应具有如下特征：

1. 诊断标准的普适性或概括性。因为所有的定量诊断都是基于标准的诊断，所以这个标准应具有普适性，其观测点应涵盖教学中的共性活动，适用于各学科、各年级。这样的量表只有具备普及性或概括性，才能适应对不同年级、不同学科的课堂教学活动进行诊断的要求。

2. 诊断标准应具体、准确，具有可操作性。为了具有普适性，诊断观测点就应具有概括性，尽量涵盖各类课堂；但概括性过强的观测点，会使其具有模糊性，变得不准确、不可操作。过于具有普适性，就会缺失可操作性；过于具有可操作性，就会缺失普适性。这一悖论本质上是由教学过程多样性、个性化与定量诊断的本质所造成的，是不可调和的矛盾，是定量诊断属性与教学本质属性的矛盾。"为了避免这一现象，许多学校开始在量表中尝试加入对各观察视角关键事件的描述栏，以期还原课堂的细节，增强评议课的质感。"[①] 但这种调整是有限度的，过于关注细节，将会失去量表的普适性要求。

（三）诊断标准的客观性与操作的主观性的悖论

中小学课堂定量诊断也叫指标性诊断，是对传统经验性听评课的改进，它的最大优势是具有明确的评价指标，每一指标又有相对明确的诊断标准，每一诊断标准皆被赋予了相应的分值，使得诊断结果最终成为"数据"。这种量化、客观的定量诊断，在一定程度上弥补了传统听评课结论随意性、主观性过强的不足。

但是，由标准到数据，这一判断过程依靠的完全是诊断者的主观判断，也即客观的数据是主观判断的结果。这体现在两个方面：

---

① 李营：《课堂观察量表设计中的偏失及改进策略》，《中国教育学刊》2013年第5期。

1. 分值的判断，权重的设计是主观判断。某一教学行为被分为优、中、差，并且分别对应一个分值，优、中、差的教学行为无区分度，相对应的分值也就无法准确赋予。比如表1-3中教学目标这一观测维度，被设计分为四个档次，10—9分、8—7分、6—5分及4分以下，分别对应于优、良、中与差的教学目标设计。得分在第一档即"10—9分"与第二档即"8—7分"的区别是什么，这全凭诊断者的主观判断。为什么要设计四个档次，每一档次得分的差别为何是1分，这也是量表设计者的主观判断，判断诊断什么样的教学行为是"优"，什么样的教学行为是"中"，二者如何区分，全凭诊断者的主观判断。

2. 观测维度的诊断标准缺乏操作性。目前中小学校所采用的诊断量表，多为各校自己设计的量表，其对教学过程的分解比较粗糙，每一诊断维度所对应的诊断指标缺乏可操作性，存在一定的模糊性。基于诊断指标的判断，形式上是客观的，但实际上其诊断仍然是以诊断者的主观判断为主，其结论并不具有预设的"客观性"。

比如在表1-3上海某小学课堂诊断量表中，关于"教学内容"的处理，预设了两个诊断指标：一是内容正确充实，符合学生认知规律；二是凸显学科内涵，能整合教学资源，力求恰当、有效。这两个指标仍是缺乏可操作性的诊断指标，不具有客观性特征。比如，就某一节课而言，何种内容算是"凸显学科内涵"呢？何种内容算是"正确充实，符合学生认知规律"呢？这些仍然是模糊的、缺乏客观性的诊断指标。

再比如表1-1郑州某小学课堂诊断量表中，关于"备课充分"的诊断指标，"准确解读课标、教材与学生，符合课标要求与学生实际"。这一指标具有开放性，不具有可操作性，就某一节课而言，针对教师的教学内容与教学活动，是很难准确判断是否"准确解读课标、教材与学生"，是否"符合课标要求与学生实际"的，所以表面上客观的定量诊断指标，实际上是难掩主观性与模糊性的。

总之，中小学校基于量表的课堂定量诊断，是客观、定量诊断的"形"，是主观判断的"实"。

（四）定量诊断设计校本化与诊断学术性（科学性）的悖论

定量诊断方法，是受教育学科学主义影响，教育研究走科学化之路的典型表现。在发展的历史上，教育饱受科学化之困。"教育学是科学吗"这一问题在教育学发展的历史上无数次被提出，被争论。教育学科学化最典型的做法或要求就是以实证方法作为教育学研究的重要方法。所谓实证研究，一是客观，就是基于事实和证据的研究，目的在于使结论不被个人的主观愿望或偏见所左右；二是量化，即努力获得对事物特征和变化的"度"的把握，而非笼统的、模糊的描述；三是定论，有确切的发现或结论；四是可检验，通过在专业背景下建立起来的共同概念、共同规则，使用共同方法、共同工具，可以获得相同的结果。[①] 使用量表进行中小学课堂定量诊断是典型的实证研究，试图通过相对稳定的观测点与判断指标，获取不受研究者主观影响的确定数据，以获得对教学活动准确、科学与客观的结论。

实证研究对研究工具的科学性及数据处理有着较高的要求。比如需要对量表的观测点、诊断指标进行科学的论证，要对量表进行试测，在诊断数据出来后，还要做进一步的定量分析。但目前中小学校的课堂定量诊断量表多为学校自己根据经验制定甚或照搬别校的，诊断观测点及诊断指标缺乏科学性论证，观测点与诊断指标设计粗糙。比如，量表1-1中的观测点有"教学方法""学法指导"，这两个观测点在本质上是指同一个教学活动，其区别仅在于是从教师的角度还是从学生学习的角度来判断而已。量表1-3中的"教学过程"观测

---

① 袁振国：《实证研究是教育学走向科学的必要途径》，《华东师范大学学报》（教育科学版）2017年第3期。

点，其诊断指标是"激发学生兴趣""关注全体""教学环境有序"，这些观测点与诊断指标宏观、笼统，缺乏可操作性。其赋值权重也缺乏科学论证，每一等级相差1分，9—8分与7—6分，这个赋值度该如何把握呢？但现在中小学所采用的定量诊断量表，其来源有如下路径：

1. 学校负责教学的领导，带领学科骨干根据经验加以设计，没有经过有规划的试测、验证与调整。

2. 参考、模仿的拿来主义。许多学校的定量诊断量表是借鉴兄弟学校的量表，这些诊断量表往往大同小异，多是互相借鉴。特别流行的是借鉴名校的诊断量表，甚至是换一下表头就将其作为自己的诊断量表。这种借鉴的量表，没有经过任何技术性加工，其诊断的科学性是值得怀疑的。"和所有的科学观察一样，课堂观察也需要凭借一定的观察工具，我们不能像日常观察那样仅凭经验行事，课堂观察需要特定的方法和技术，否则，观察效率低下，意义甚微。"[1]

总之，中小学校实施的定量诊断，是基于校本研究（以教师为操作主体，基于学校问题）理念实施的。各学校由于缺乏定量诊断的学术力量，一线教师缺乏开展定量诊断的学术素质，导致中小学校运用的定量诊断工具不科学，结论则更不科学，存在着定量诊断难以解决的悖论：校本性与学术性的矛盾。

（五）定量诊断结果"是什么"与一线教师需求"为什么""怎么做"的悖论

中小学校实施的定量诊断，对教学效果的评价结论，评价的最终结果是对教师的行为、效果给出量化的分数，也即判断被评价的课是"优"或"劣"，侧重于"是什么"的判断。但是，"课堂观察是一项专业活动，旨在谋求学生课堂学习的改善，促进教师专业的发展，而

---

[1] 周文叶、崔允漷：《教师应如何进行课堂观察》，《中小学管理》2008年第4期。

不是为了评价教师"①。课堂诊断不仅要对教师的教学行为作出等级评定，而且要对教师行为背后的原因进行分析，为教师提供改进建议，直指教师专业素养的提升，兼具"是什么""为什么""怎么做"的诊断结果才是一线教师真正需要的。

定量诊断是对教学活动或教学行为优与差的诊断，止于评定等级，忽视了"为什么"的分析，更没有提供"怎么办"的解决办法，这偏离了中小学校开展课堂诊断的价值追求，缺乏对教师教学行为背后宝贵教学经验的提取与归纳。支配教学活动发生的教学经验为教师进行教学设计提供了可操作性的新的理论指导，在解释"是什么"的基础上，让教师明白"为什么"和"怎么做"，才是定性诊断的优势。

综上所述，定量的诊断方法在我国当前中小学课堂诊断中占有重要地位，它改善了定性评价主观、随意的不足，提升了课堂诊断的客观性和科学性。但是在实际操作过程中，我们难以保证量表的科学性，容易忽视课堂的生成性和情境性，这些因素都会影响诊断的信度和效度，诊断结果的简单数字化并不能带来教师专业素养的提升，这样的诊断方法并不是我国中小学课堂教学诊断方法的应有样态。适应教育实践工作者之需的课堂诊断方法应具有以下特征：融合定量与定性诊断方法，诊断方法兼顾科学性和可操作性；诊断结果兼具"是什么""为什么"与"怎么做"的功能。

四 中小学课堂诊断方法的价值选择

中小学课堂定量诊断，不但属于教育研究的范畴，还属于校本研究的范畴，因此这是一种兼具两类研究属性的教育研究。

中小学课堂定量诊断属于校本研究，它要符合校本研究的特征与

---

① 崔允漷、周文叶：《课堂观察：为何与何为》，《上海教育科研》2008年第6期。

要求。校本研究是一种特殊的研究类型，它特指中小学一线教师进行的教育研究，它有如下特征：研究主体是中小学一线教师；研究方法适合中小学一线教师采用；研究对象是学校的实践特别是教师自己的教学工作；研究结果服务于教育教学实践，并非以发表专业的"学术成果"为特征。中小学课堂定量诊断又属于科学研究，它要求诊断程序符合学术研究的要求，诊断工具具有科学性。中小学课堂定量诊断的对象是课堂教学活动，课堂教学活动又具有科学性与艺术性、预设性与生成性的特殊属性，因此中小学课堂定量诊断工具又要符合课堂教学的本质属性要求。基于这些理解，对理想的中小学课堂定量诊断方法应做如下价值选择。

（一）定量与定性诊断的结合或融合

中小学课堂定量诊断是定量研究在中小学领域中的应用，它所存在的悖论，如观测点的预设与教学生成的悖论，诊断标准的普适性与诊断要求的准确性、可操作性的悖论及诊断标准的客观性与操作主观性的悖论，是定量研究的局限，这是由定量研究的理论假设所决定的。对于定量诊断而言，这是"天然"的与无法克服的局限性。改变这一悖论的理想做法是与定性诊断相结合，发挥二者的优势，实现优势互补。

中小学课堂定量诊断，具有一定的科学性、实用性，为课堂教学行为的分析提供了量化工具，但是，无论从教育方法论角度还是结合中小学研究特点，特别是结合教学的本质属性来看，它都具有难以克服的局限性。因此走定量与定性的结合，是当前中小学课堂定量诊断的趋势，也是要求。就一节课的诊断而言，一些著名的课堂定量诊断方法包含了不同的定量诊断量表，也即诊断主题要适应对课堂教学的诊断需要，比如国内崔允漷教授开发出的诊断一节课的64个量表。笔者认为，这或许是注意到了定量诊断"一个量表走天下"不足以全面诊断课堂的局限性，本质上是认为定量诊断应涵盖教学的方方面面，意识到了教学的复杂性与定量诊断的局限性。因此，有学者呼吁："课堂观察要警惕走入纯技术的歧路。传统的听评课（定性）在对课堂教学整体性的把握上有其可取之处，应该将其与定量课堂观察结合起来，将定量和定性的方法结合起来，从而避免'只见树木，不见森林'的问题。"① 但无论开发出多少个定量诊断量表，都无法诊断教学的生成性与复杂性，走定量与定性相结合之路，是克服定量诊断局限性的首选。

所有的定量诊断，皆是依托客观工具对预设的诊断，简言之，它的优点是相对客观。定性诊断则是与定量诊断截然不同的诊断思路，它的诊断工具是诊断者本人，它的优点是"灵活"，可以克服客观的局限性。比如，定性诊断在诊断教学的生成性、艺术性方面具有独特的优势，而这恰恰是定量诊断的局限；定量诊断工具的相对客观、科学与可操作性，则是定性诊断不具备的优势。教学是预设与生成的统一，这是教学的本质属性。要实现对一节课科学、准确的诊断，不仅要对预设进行诊断，而且要诊断生成。定性诊断侧重于对生成的诊断，定量论断则可侧重于预设的诊断，二者的结合，是科学、准确诊断教学实践的应然选择。

（二）课堂诊断工具，不仅要符合"科学"的基本要求，还要符合校本研究的要求

何为"科学"的基本要求，这里的"科学"指的是狭义的自然科学取向，自然科学的研究取向是实证主义思路，就是确保研究数据的获取客观、准确，在获取数据后，要采用"专业"的统计、分析手段，比如 SPSS 软件的应用、方差分析等，以获取最终的结论，而这个"专业"的统计、手段的运用，需要受过专业的学术训练才可进行。何为校本研究的要求？校本研究是中小学教师从事教育研究的一

---

① 崔允漷、沈毅等：《课堂观察20问答》，《当代教育科学》2007年第24期。

种特殊的教育研究方式，它的基本特征之一是以一线教师为研究主体，采用一线教师能够使用的研究方法进行教育研究。显然，当前一些所谓的"科学取向"的定量诊断方法，并不能够被一线教师所采用，并且其操作烦琐，背离了校本研究的基本要求。

何为校本研究的要求？就是任何试图在中小学实施的定量诊断方法，诊断工具都必须具有如下特征：

1. 定量工具能被一线教师理解并独立运用。比如定量诊断工具的编制及修正，诊断数据的处理，都需要适合中小学教师进行独立操作的要求，这体现了"以教师为本"的校本研究要求。

2. 定量诊断操作简洁，无须占用较多的教学时间。定量诊断程序往往占用较多的时间，这在中小学场域里是不适切的，因为中小学教师的职业性质决定了他们的主要任务及主要工作时间应用在教学上，没有过多的时间从事研究，这也是由校本研究的特点所决定的。

（三）中小学课堂定量诊断应兼顾实践取向与学术取向

中小学的课堂诊断，一定是实践取向的诊断。何为实践取向？就是指研究的目的是以改善中小学教学实践为指向，研究方法具有可行性，能以中小学教师为主体开展的常态教学研究，它是以实践为研究对象，研究结果又服务于教育实践的课堂诊断。

传统的中小学课堂定量诊断，往往是专业研究者参与的研究活动，它更多的是学术取向的研究。这里的学术取向，是指研究工具的科学性与研究过程的学术性，研究目的体现于理论成果的发表上，学术取向是高校专业研究者开展定量诊断的思维方式与追求。从提高中小学课堂定量诊断的科学性与质量要求来看，中小学课堂定量诊断需要专业团队的支持，走大学与中小学合作研究之路，但仅仅侧重于学术取向是远远不够的，是不能适应中小学校本研究实践取向需要的。

实践取向是指定量诊断的结果能服务于教学实践的改进，是来自实践又回馈实践的。但传统的定量诊断在于数据的统计，诊断结果仅仅是对教学效果"好与差"的判断，指出了"是什么"，但没有给出"为什么"，没有指出改进的思路，这并不符合中小学开展教学诊断的价值追求。

只有走实践取向与学术取向相结合之路，实现研究者的双向成长，中小学课堂定量诊断才会走上实践取向与学术取向兼具的良性发展之路。

第二章　课堂教学切片诊断的内涵与程序

以研究的视角审视课堂，以校本研究的视角改良传统课堂诊断方法，开发出一种中小学教师能操作的科学、专业、有效的课堂诊断方法。

第一节　课堂教学切片诊断开发的背景与初衷

课堂教学切片诊断是我探索十余年的原创性成果，从2009年在某高中进行教学研究开始，到目前被地方政府采纳、推广及应用；从最初的概念雏形"基于视频的教学技能训练"到2016年"课堂教学切片诊断"概念的正式提出，历经十余年的探索与实践。

一　走进学校，尝试以研究者的身份进行课堂诊断

2009年，受一校长朋友之邀，去其学校"指导教学"。此时我刚博士后出站，说是指导"教学"，其实我自己感到十分困惑、担心，内心有一个大大的问题：如何用书本上的教育学理论知识指导真实的教育实践呢？于是在走进校园时，我便带着一颗忐忑之心开始探索。走进校园，开展教学指导的第一件事，便是与教研组老师一起走进课堂，观课评课。听评课是中小学校最常见的教学研究活动，作为一名

专业的研究者，我最先参与的就是学科组组织的听评课活动。在听评课的过程中，我发现学校每周开展的听评课活动，教师们的评课质量很低，就想以自己研究的视角，给老师们评次课，让一线教师感受一下，专业研究者是如何评课的或高水平的评课该如何进行。于是，我就尝试以我的理解，对听过的课例进行分析，这就是最初的课堂教学切片诊断，也是课堂教学切片诊断探索的初衷之一。

二　如何实现课堂诊断的有效、有力

我的第一所合作学校是一所高中，规模不小，有三十余个教学班，有教职工二百余人，教育教学质量在所在地区处于中上等水平。我的评课，先是在学科组内进行，以口头评价方式为主。下班后我一直在思考，今天分析的课例很典型，很有代表性，也很精彩，能不能把我评的课例，做成学术报告，在全校例会上，面向全体老师讲讲呢？一方面，把我发现的教学中普遍存在的不足指出来，便于全校老师优化教学；另一方面，把教学中发现的典型的优秀教学设计活动，展示给全体老师，让大家借鉴学习优秀教学设计经验，实现共同成长。但是这样做要思考如下几个问题。

1. 如何面向各学科教师做课堂诊断学术报告——公共教学设计主题

我举例诊断的课例只是某一学科的课例，而如何让全体教师包括高中九个学科的教师都能听明白，并有收获呢？这一问题迫使我必须进行公共教学设计主题的分析，比如导入、小组合作等，这些公共教学设计主题才能让全体教师感兴趣，听得明白，不能分析学科内容，因为其他学科的教师不感兴趣，也听不明白。这就是切片诊断提供的十个公共教学设计原理形成的缘由。这十个公共教学设计成为切片诊断的最重要成果，它鲜活、具体针对性强，可以针对中小学教师进行系列教学设计能力提升培训。

2. 如何让被评价者信服,并能吸引全体教师认真听讲——切片

在进行课堂诊断时,我总是想让听者信服,有收益。但是对于我这样一个没有学科背景的研究者来讲,如何能在诊断学科课例时,让学科教师听了信服,让其他学科教师听后有收益,这是一个巨大的挑战。我想到了教学录像。如果在分析某一教学设计活动的特点时,能以教学录像的播放、解说为佐证,其优点或不足,以录像片断直接呈现出来,岂不是更有说服力,而且生动,易吸引听者的注意力,切片由此而来。比如,在分析导课教学设计时,把导课教学活动录像截取下来,在点评时,边播放录像边点评,以实事说话,以鲜明的例子展示想表达的学理观点。这便是最初的切片诊断的雏形。最初没有合适的名字来描述这种基于录像片断的听评课,就暂时叫其"基于视频的教学技能训练"。2015 年,我在《教育理论与实践》杂志第一期撰文介绍了该课堂诊断思路,文章名为"教学技能视频训练的内涵、原理与步骤"。直到 2016 年暑假,在对整个与中小学合作的实践进行反思时,"课堂教学切片诊断"这一概念才逐渐成形,替代了"基于视频的教学技能训练"这一术语。

3. 试图通过案例讲清楚某一个教学设计的原理——切片诊断的思路

课堂诊断的结论应指向什么?肯定不能仅以判断优秀或不优秀为目的,而应讲清楚某一教学设计原理。比如,分析某一优秀或较差的导入设计,理想的分析应是借助该案例,总结出导入设计的原理,让参与听课、诊断的全体教师掌握该原理,以此实现专业成长。再比如分析典型的小组合作活动,理想的分析应是借助该典型活动,讲清楚小组合作的基本原理。毕竟课堂诊断只是优化教师的教学行为,是其提升教学质量的一个手段,诊断不是目的,提升才是最终目的。理想的课堂教学切片诊断的基本思路是:由个案(典型的教学切片)到一般(教学设计的原理)。

三　课堂教学切片诊断是在实践中修正完善，逐步走向成熟的

课堂教学切片诊断是在中小学教学研究的实践中萌发，并在教学研究的实践中逐步成熟、完善的。第一所合作学校是一所高中，在此学校笔者共进行了五年的探索，当时研究的主题是"分课型构建教学模式"，切片诊断方法只是在诊断课例时采用的分析方法。此后又与多所中学进行合作研究，但合作主题已转变为课堂教学切片诊断，带领老师们尝试用该方法进行课堂诊断，并在尝试中进行修正、完善，开发出了切片诊断观课表格、切片诊断学习文献、切片分析报告结构及切片分析报告诊断标准，并最终于2016年形成了相对完善、成熟的理论体系。

总之，对中小学教师或学校而言，有用、可操作才是最有效的。这是实用主义判断一项理论价值的标准，也是课堂教学切片诊断探究、开发的唯一标准。从目前来看，十余年过去了，课堂教学切片诊断在中小学实践领域得到了广泛认可，"星星之火，可以燎原"，依靠的动力便是实用主义的开发路线。

课堂教学切片诊断，是以中小学教师为实施主体的校本研究方法，它从实践中走出来，又回到实践中去，接受了实践的检验。该方法已在河南省多地市加以推广应用，需要指出的是，这些合作学校不是因行政命令而被动地开展切片诊断，它们全部是慕名而来，感受到切片诊断方法的可操作性与实效性，自发、自愿地开展课堂教学切片诊断。作为课堂切片诊断原创者的我每年受邀去中小学校讲学上百场，足迹遍布河南、江苏、浙江、贵州、山东、山西、安徽、北京等省市 。课堂教学切片诊断除了受到实践界的关注外，也得到了地方政府相关机构的认可，包括河南省教育厅基础教育教学研究室在内的各级教育行政机构，都采纳了该成果。

第二节　课堂教学切片诊断的方法与程序

课堂是教学现象发生与教学规律呈现的场所，因此，课堂研究是教学研究的主战场。课堂教学切片诊断是以中小学教师为主体的课堂研究的有效工具，在十余年里，它得到了数百所中小学教学实践的检验，作为课堂观察方法，其校本研究的潜力巨大。

一　课堂教学切片诊断的内涵

教学切片分析是一种崭新的课堂研究方法，它将录像观察与现场观察相结合，以视频定性分析的方式，提取典型的切片——教学行为片段（录像片断），在分析时借助教学切片重现教学实践现场，以直观、真实的方式归纳出优秀的教学设计特点与要求，进而实现授课教师教学技能的提升与课堂教学有效性构建。教学切片分析，作为一种课堂研究方法，所有的工作都是围绕着"教学切片"而展开的，因此，教学切片课堂分析的核心工作是寻找有价值的切片。

何为"教学切片"？"教学切片"概念是受生物学、生理学中"切片"概念的启发而提出来的。教学切片是碎片化的教学设计行为片段，以录像为载体，每一切片在本质上就是包含某一相对独立教学技能的课堂教学行为片段。教学切片课堂分析就是对课堂教学进行的分解研究，分解出的每一个单元就被称为"教学切片"。教学切片本质上是教学设计片断，以录像片断的形式呈现。

从内容上看，教学切片分为两类。

1. 公共教学设计切片

公共教学设计是指不分学科、不分年级的教学设计活动，是中小学教师在课堂教学中常开展的核心教学设计活动，目前提取十项公共教学设计主题，也即十项公共教学设计切片：

（1）教学目标预设与叙写。

（2）情境导入。

（3）教学目标呈现。

（4）有效提问。

（5）教学中生成事件的处理。

（6）小组合作的有效性。

（7）教学结构与教学线索。

（8）教学过渡艺术。

（9）板书设计。

（10）结尾。

这十项教学设计主题，是上好一节课的前提与基础，也是进行切片诊断的学术标准，因此是学校开展切片诊断第一阶段必需的学习任务。此阶段由专家团队对全体教师进行专题、系列培训。

2. 学科教学设计切片

从教学设计的角度来看，课堂教学活动由公共教学设计与学科教学设计活动组成。因此，教学切片除了公共教学设计主题外，还包括学科教学设计活动。学科教学设计活动往往是由学科知识的特殊性所决定的，比如学科设计主题：

数学概念课教学设计	数学课堂习题设计
语文课随堂识字教学设计	语文课主问题教学设计
化学、物理分组实验教学设计	化学、物理演示实验教学设计

学科教学设计体现了专业属性，学校在开展切片诊断时，可以分学科进行。这是切片诊断深入开展时需要关注的切片主题。

上述教学切片主题只是制作切片的预设主题，并非每节课都必须分析的主题，只有这些教学设计活动在教学中呈现出典型时，才是制作切片的主题，也即要把此类典型教学设计活动制成教学切片。何为典型？在教学活动中所呈现出的教学效果特别优秀或者所呈现的教学效果特别低效，即特别优秀的教学活动与特别差的教学活动，这两类典型教学活动才是制作切片分析的对象。因此，从教学活动所反映出的教学效果来看，教学切片分为两大类：一类是典型的优秀教学设计活动，另一类是典型的不足教学设计活动。

（1）典型的优秀片段。典型的优秀片段也就是优秀的教学设计片段，它代表了一线教师长期的实践经验，这些经验经过分析、归纳与提升，就能生成具有实践价值的教学理论。这类理论具有特殊性，它们以经验为主，具有很强的操作性与实践性。这些优秀经验经过总结、强化后，对于优秀教师本人是一个强化，使他们无意识的经验转化为有意识的经验；对于其他教师而言，这些优秀经验则由优秀教师的个人知识转化为大众的公共知识，对更多的人产生借鉴作用。

（2）典型的不足片段。典型的不足片段代表了某一类不足的教学设计，它呈现出的"问题"具有普遍性与代表性，分析这类不足的教学片段，对于提高上课教师的教学设计素质，实现教学的有效性具有重要的意义。

最后需要强调的是，如果要诊断课堂教学，就要对一节课所有教学设计活动进行诊断，而不仅仅诊断典型片断；如果要做切片分析报告，则可以仅采集典型的教学设计。

对课堂教学进行切片研究，来自于行为主义对课堂教学的理解。在行为主义视野下，人的行为是可以分解的，并且是可以有目的地进行训练的。对于课堂教学而言，教学就是由一系列有目的地促进学生学习的教学活动事件组成的。课堂教学是由一个个可以观察的行为组成的，教学行为是可以分解的，并且是可以优化的。有效教学是普遍有效的教学行为的组合与排列。因此，将体现某一技能的教学行为片断单独"切出"，其目的就在于分析、诊断并优化核心教学片断，最终实现整节课堂教学的优化。

二 校本研究视角下课堂教学切片诊断的程序与操作

教学切片包括两类，即特别优秀的教学设计活动与特别差的教学设计活动。课堂教学切片诊断，就是寻找切片、制作切片分析报告、分析切片的过程。课堂教学切片分析作为一种课堂观察与课堂研究方法，它的完整周期是两周时间，其基本的操作程序如下：

第一步：观课，以个体的视角寻找教学活动中的典型活动，进行初步"切片"（第一周）。

所谓初步切片，就是以个人的视角，在观课过程中发现典型教学设计活动，并对过程、效果及教师的教学操作进行简要记录。这一步需要强调的是，要对课堂教学过程进行录像，以便为制作切片做准备。

初步"切片"环节类似于传统课堂观察的"听课"。在这一过程中，课堂诊断者就是凭借个人的理解、经验及研究主题，以人工的方式记录需要分析的典型教学行为也即"切片"，比如在某一节课上，值得分析的教学行为有情境创设、小组合作等，那么观察者就需要记录这些教学行为的发生过程、操作步骤及典型效果等。在这一步骤中，需要考虑的核心要素是课堂观测点或教学切片框架。

课堂研究主要是以课堂观察的方法进行的，按照资料收集及资料呈现的形式，可以分为定量与定性两类课堂观察，"尽管课堂观察方法有不同的类别，但在具体运用中，它们都有一个大致相同的研究框架：课堂观察前的计划—课堂观察记录—资料分析及结果呈现，三个阶段中每一个阶段都有一些具体的步骤"[①]。这里的教学切片框架，类似于课堂观察前的计划，也即我们在课堂上要观察什么样的教学行

---

① 陈瑶：《课堂观察方法之研究》，博士学位论文，华东师范大学，2000年。

为，要分析什么样的教学行为。依据我国传统的课堂教学流程及结合新课改精神，在长期的教学实践研究中，笔者总结出如图 2-1 所示的"切片"框架①：

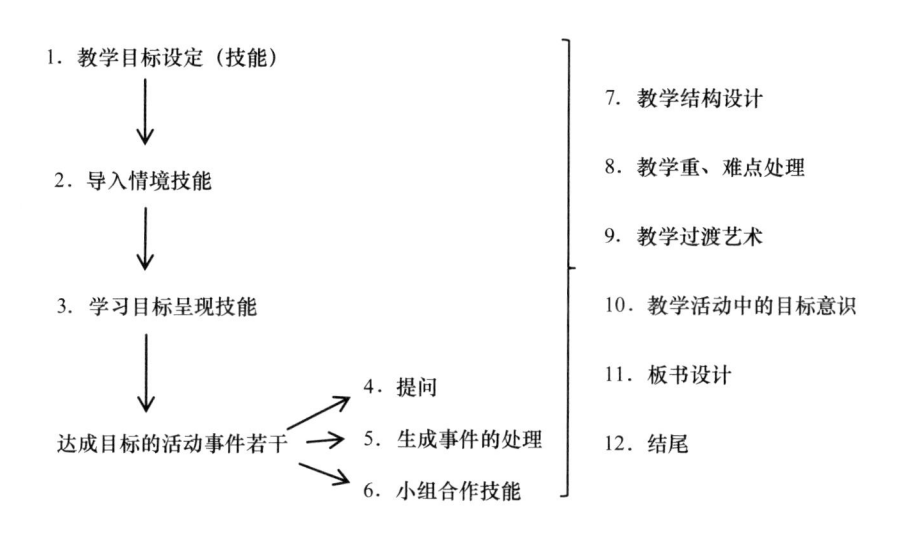

```
1. 教学目标设定（技能）          7. 教学结构设计
         ↓
2. 导入情境技能                  8. 教学重、难点处理
         ↓
3. 学习目标呈现技能              9. 教学过渡艺术
         ↓                      10. 教学活动中的目标意识
                    → 4. 提问   11. 板书设计
达成目标的活动事件若干 → 5. 生成事件的处理
                    → 6. 小组合作技能  12. 结尾
```

图 2-1　课堂教学"切片"框架

教学切片记录的是教师的教学行为，上述十二个教学设计是没有学科及年级差异的，几乎是所有中小学课堂教学中极为核心的基本教学设计，这些教学设计的基本要求是教师专业发展的核心内容，也是打造高效课堂的基本要求。确定这个框架后，研究者就可以有针对性地关注教学行为，但是，就一节课而言，并不是上述所有的教学行为都具有分析价值，只有那些值得分析的教学场景才可以截取下来加以分析。哪些切片值得分析呢？那就是典型切片。这就要求观课者在现场记录下值得分析的典型切片。

---

① 魏宏聚、杨润勇：《中小学教师教学技能研训》，教育科学出版社 2013 年版，第 200 页。

第二步：观课后评课，以集体的角度确定典型切片（第一周）。

初步切片是诊断者个人根据听课现场的教学效果而选取的典型教学设计活动，按照传统听评课流程，听完课后要进行集体议课，也即评课。在教研组组长的组织下，对所有诊断者关于切片的初步意见进行对比、评价与整合，集全体诊断者的意见，确定本节课的典型教学设计活动并将其作为切片主题。这一环节是在第一步"初步切片"的基础上展开的，"初步切片"并没有对课堂录像进行真正意义上的分解，而只是观察者记录下了值得分析的典型教学行为切片，但这种典型教学行为的判断是观察者个体的意见，有可能存在偏颇，需要集体作出判断，加以确定。

第三步：制作切片分析报告（第一周）。

从校本研究的角度来看，切片诊断是在校本教研中实施的，是校本教研的有机组成部分。在确定一节课的教学切片后，需要分工制作切片分析报告。制作切片分析报告是切片诊断最为核心的步骤，切片分析报告就是关于某教学设计的学术报告，它的基本思路是借助切片（案例），阐释清楚某一教学设计的操作原理，是由个案到一般，由某一典型教学设计活动出发，解释清楚这一类教学设计活动的原理。这有两种制作思维：一个是归纳思维，就是通过提炼典型教学设计活动的操作，归纳教师的教学经验，生成教学设计原理；另一个是印证思维，可以先提供某一教学设计的操作原理，然后通过切片印证教学设计原理，最后总结、强化教学设计原理。考虑到校本研究及切片分析报告的特点，切片分析报告一般是由承担任务的教师在课下制作完成。对于切片报告制作者而言，它是研究型素养提升的最有效路径，也是深度掌握教学设计原理的关键环节。

第四步：切片分析报告的集体展示（第二周）。

切片分析报告的集体展示，是真正意义上的课堂诊断环节。一般是在进行集体教研活动时，由切片分析报告制作人面向全体诊断者、上课者进行报告。报告的过程就是对上一节课诊断的过程，同时也是对全体诊断者进行教学设计专题培训的过程。

1. 切片报告制作与展示是深度的课堂研究。课堂教学切片分析作为一种课堂研究方法，可以针对一节课来实施，对这节课上有教育价值的教学细节、行为进行深度的展示与分析，最终实现教学的有效性。切片分析报告的主体，既可以是教研人员，又可以是执教者本人。以执教者本人为例，课堂教学的执教者通过观看自己的教学实录及切片，可以看到自己在教学中的表现，如教学重难点处理、师生互动中的优缺点等，当然也包括自己语言上的优缺点及下意识和无意识的动作、表现等。"这对于教师们而言，反复研究自己的课堂'切片'，能起到说教、报告、培训等无法取代的作用。"[①]

2. 切片报告制作与展示，是教师教学技能专题训练的过程。这一过程类似于微格训练，微格训练以录像为载体，生动、真实地呈现了某一技能的特点及操作注意事项，在教师教育领域是公认的优秀训练方式。教学切片报告也可以进行此类训练，可以用专题的形式收集某一技能的有关视频切片并对教师进行培训，这是一种有效的校本研究方式。以教学切片形式进行专题教学技能研究已在国内一些学校实施，比如，一位地理教师以《黄河》这节课为例，对提问的有效性进行了专题分析。他是这样做的：

> 为了引导中学地理教师研究课堂提问艺术，关注课堂提问基本功的训练，我在我区内地理教师专题教研活动会议上结合听过的《黄河》一课进行了专题指导。根据本节课教学实录，第一步进行切片，我以问题为单位，主要切分了三十多个课堂提问片段；第二步从比较中评析提问的优劣得失。这一分析方法得到了

[①] 杨荧杰、苏仕艳：《"课堂切片"助推教师成长》，《科学大众》（科学教育）2012年第2期。

与会教师的一致好评。[①]

这一案例表现出，借助教学切片既可以进行深度的课堂研究，又可以对教师进行生动、直观的专业技能培训，这两个方面可以结合起来进行，也可以分开进行。

3. 切片诊断的程序、周期。从校本研究的角度来看，在长期的实践中笔者发现，如果以切片诊断作为校本研究的主要内容在学校持续开展，理想的切片诊断周期为两周。第一周完成观课、初步切片，任务分工和制作切片报告。第二周进行集体教研，对切片报告加以展示。

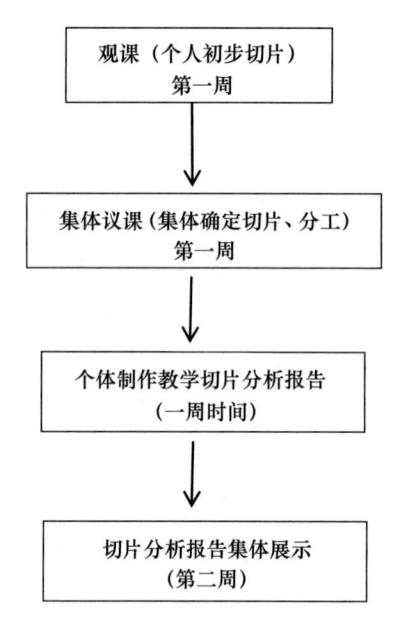

```
┌──────────────────┐
│ 观课（个人初步切片） │
│      第一周       │
└──────────────────┘
          ↓
┌──────────────────────────┐
│ 集体议课（集体确定切片、分工） │
│         第一周            │
└──────────────────────────┘
          ↓
┌──────────────────┐
│ 个体制作教学切片分析报告 │
│     （一周时间）    │
└──────────────────┘
          ↓
┌──────────────────┐
│ 切片分析报告集体展示 │
│     （第二周）     │
└──────────────────┘
```

图 2-2　课堂教学切片诊断流程

---

① 张新：《通过切片分析课例透视课堂提问基本功》，《现代教学》2013 年第 1—2 期。

三 教学切片分析超越传统"听评课"的意义

作为一种课堂研究方法,教学切片分析是对传统及当前课堂研究方法的继承与创新。

(一) 教学切片分析,实现了人工记录与录像记录的结合

在进行人工观察的同时,录像观察则精准地记录了整个教学过程。传统的课堂研究,往往是听课人凭借一支笔、一个记录本,凭借个人的理解与经验记录信息,这种记录也被称为田野笔记。它的优点是重点突出,可以有选择性的记录而克服机械分析的局限性,但由于课堂教学的不可逆性,人工记录往往由于时间紧迫而会遗漏掉有价值的信息,这是人工记录的不足。作为一种课堂观察(研究)方法,教学切片课堂分析是在人工定性观察的基础上,借助录像观察,对课堂教学的分解与诊断。因此,它获取信息的手段是录像观察与人工观察相结合。录像观察,顾名思义,就是以录像的方法获取课堂信息,它是对人工获取信息的改进。录像观察最大的优点是记录详细,对教学过程中的全部细节都可以完整地记录下来,可以实现教学现场的重现,克服了人工记录信息不全、不能重复的缺点。教学切片分析采用录像记录与人工记录相结合的方式,在教学现场,由人工记录下有分析价值的信息或框架,课后再结合教学录像进行详细、有针对性的分析。

(二) 教学切片分析,融合了定性与定量课堂研究的优点

"定性课堂观察的记录方式从本质上来看,主要就是田野笔记(实地笔记),对田野笔记所记录的大量原始文字资料的分析方法不同于对数据的分析方法,但也有一定的规律可循。"[①] 从这个角度来看,中小学传统的课堂研究主要是定性研究,依靠眼、耳感官,记录课堂

[①] 陈瑶:《课堂观察方法之研究》,博士学位论文,华东师范大学,2000年。

上的教学信息。这种研究最大的不足是记录缺乏客观依据，经验性、主观性强；并且难以回忆，易遗漏关键信息。其优点是可以有选择地记录有价值的信息，避免定量研究的机械、烦琐。定量观察是基于实证主义的方法论展开的研究，当前主要依靠特制量表进行观察。其优点是相对客观、易量化，避免了经验与主观。其不足是需要接受专业训练，且操作复杂。在现实的课堂研究中，定量观察除了专业的研究者采用外，基本上被广大中小学校所放弃。

教学切片分析记录信息的方法为田野记录及录像观察相结合，分析框架为田野记录确定了基本的分析主题，田野记录所选取的典型教学行为又为录像切片指明了对象，研究者对教学切片可以反复地进行细致的诊断，既可以进行定性诊断，又可以进行定量统计。因此教学切片分析是定性观察与定量观察的结合，二者的优、缺点可以互相弥补。

（三）教学切片创造性地改造了传统的微格训练

课堂教学切片诊断最易让人误解的是它与微格教学的关系。其实，二者除了都用到教学录像片断（教学切片）外，操作原理程序及价值追求没有共同或相似之处。

教学切片分析，可以被理解为视频训练。视频训练在学术界与实践界并不陌生，即利用教学视频案例对教师进行培训。在国外，视频训练的前身是课堂教学录像分析研究，比如众所周知的微格教学即是典型的视频培训。微格教学就是对微小教学片段的研究。从这个角度而言，课堂教学切片分析与之同义，也是对微小教学片段的研究。但不同的是，微格教学的训练是自上而下的，先由专家预设某一个教学主题，然后要求教师按照专家的要求设计某一个教学片段并加以实践，最后专家再提出意见，反复循环训练，直到专家满意为止。这一训练模式，在当前的中小学校是无法实现的。主要原因有两个：一是教师没有专门的时间进行主题鲜明的录像；二是对微格设备要求较高，许多中小学校无法满足；三是中小学也没有专家专门指导教师上课。教师切片分析则对此进行了改造：

第一，教学切片视频来源于教师的常态教学录像，不需要专门准备录像课。对于一线中小学教师而言，上课是他们的"主业"，因此，对这些教学现场进行录像分析，资源丰富，且没有额外增加他们的工作负担，操作起来具有可行性。

第二，教学切片分析，所用的切片工具设备简单。"切片分析"所用的工具可分为两类：一类是硬件设备，基本上一个便携式录像机即可，价格便宜，中小学校都可以购置；另一类是软件，比如视频剪辑、整合与软件转换，这些软件应用广泛、免费使用且操作简单。

第三，教学切片分析的直接目的在于提炼出行为中的教学设计原理，这一点与微格训练的理念截然不同。此外，教学切片诊断指导教师优化行为的原理来自于对教学切片行为的经验提炼，而微格训练指导教师进行教学行为优化的原理来自于专家，这是二者的另一区别。

（四）教学切片分析具有强大的团体校本研究潜能

所谓团体校本研究，就是以学校或学科为单位，进行大范围的展开，这一特点已超越了一般意义上的课堂观察。一般意义上的课堂观察研究是以一节课为分析对象，其主要目的指向对某一节课的诊断，用以优化教师的教学设计，提升教学效果。教学切片分析，不仅仅是对一节课实施的课堂观察，它有多种研究视角，可以以学校或学科为单位大范围地开展课堂研究，这是一般意义上的课堂研究所不具备的。下面提供三个以校为单位开展校本研究的维度。[①]

[①] 魏宏聚、孙海峰：《教学技能视频训练的内涵、原理与步骤》，《教育理论与实践》2015年第1期。

1. 以某一课堂为对象，进行整节课的"切片"研究

单独分析某一节蕴涵某一或某些教学技能的典型的课堂教学。这里的"典型"包括成功的典型或不成功的典型两类。通过对这些典型的教学设计片段的分析，让上课的教师及参与培训的教师明白何为好的教学技能，归纳出该教学技能在课堂教学中设计的要点及易出现的问题。

2. 以某一教学技能为线索，对多位教师的多节课进行研究

可以就某一教学技能，对多节课的教学录像片断或多位教师的教学设计片断进行综合和比较研究。由于横跨多个课堂，多个教学内容，因此研究结果更全面，更具有说服力。

3. 以某一教师的优秀教学技能为线索，进行多节课的研究

某一教师的教学效果良好，从教学设计的角度来看，一定是某一教学设计技能比较优秀、经典，经常在课堂上呈现。因此可以对体现这一教学技能的多节教学课视频进行分析、归纳，总结出特点、规律用来互相借鉴、学习。比如，某一教师的板书很有特点，可以追踪这位老师多节课的板书，归纳、提炼出其板书设计原理。

综上所述，教学切片课堂分析是笔者在长期的一线教学研究中摸索出来的一种课堂研究方法。它既是对传统的微格训练的改造，充分利用了"视频分析"的优势，又突破了它的不足，同时也改造了传统的经验性课堂观察方法，具有较强的理论与实践价值，但它的具体操作程序及不足仍需要在实践中加以探索。

第三节 课堂教学切片诊断的几个核心问题

课堂教学切片诊断是原创性的研究成果，它是以中小学教师为操作主体而开发出的一种观评课方法。它的核心是寻找典型教学设计活动片断，并制作切片分析报告。切片的提取就是对课堂教学活动进行

分解，并聚焦于某一点（微观教学设计），切片诊断就是对课堂教学活动分解的诊断，以某一教学设计为切入点，进行专业的学理分析。那么教学切片的分析，是否考虑到与整节课的关系？教学切片是针对教师"教"的研究，因此对学生的"学"是否就可以不予考虑？这牵涉到课堂教学切片诊断的几个核心问题。

一　切片观察与整体观察的关系

课堂教学切片诊断受到的最大质疑是切片分析割裂了与整体的关系，仅仅聚焦于单一的教学设计活动。提出这一质疑，其实是没有理解切片的本质，切片是教学活动中典型的教学设计片断，它的所谓的"典型"，是放在整节课的教学过程中进行判断的。因此切片的提取，考虑的是它在整节课上的教学效果，是在整体背景下的分割，而不是简单的割裂。切片分析，仍然是基于整节课来考虑某一教学行为的优与劣，之所以把它截取下来，是因为这样做便于聚焦、有针对性的分析。比如，导入切片的选取与分析，其判断标准如下：

一　创设问题情境（导入情境），定向激发兴趣，吸引注意力，选材要求：

1. 问题具有趣味性（与生活相结合），与学生的认知水平相适应，有意义。

2. 选材与教学内容相结合。

3. 选材应包含数学模型，并基于目标制造认知冲突（选材与教学目标结合）。（厚重）

二　导入的过程与功能的实现

提炼出与新知相关的要素或认知冲突导入新课。

三　导入厚重
1. 冲突产生后，在教学过程中要予以回应。
2. 在导入过程中初步达成教学目标。①

首先，分析某导入教学切片的优秀或不足，其中的标准——"选材与教学内容相结合"，就是以整节课为背景来判断导入活动的导入效果；其次，导入后的判断标准——"冲突产生后，在教学过程中要予以回应""在导入过程中初步达成教学目标"这两个原则都是对整节课效果的判断。总之，诊断中的切片，不是对整节课的割裂，而是在整体背景下的聚焦，这既是一种分析技巧，又是一种分析载体。

二　在切片诊断中，教的行为与学的行为的关系

课堂教学是由教与学两类活动组成的，因此，有效教学是由有效的教与有效的学两类行为构成的。从形而上的思考来看，有效教学的研究，应该不仅关注教的行为，而且应关注学的行为。如果仅仅关注教的行为，是否存在偏颇呢？课堂教学切片诊断是以研究、提升教师教的行为为主，由此引发了一些质疑，认为课堂教学切片诊断只关注"教"，而忽略"学"。一方面，提出这种质疑的学者，是一种正常的思维方式，从形而上的思考来看，的确如此；另一方面，这也是一种不理解课堂教学切片诊断内涵的质疑。在课堂教学中，教与学是辩证存在的一对行为，当分析教的行为时，必然要考虑到学的行为，无法做到只考虑教而不顾学生的学。有效的课堂教学行为，一定发生在高效完成合理教学目标的课堂上。因此，优秀的教的行为，一定是高效、合理完成教学任务的行为，从学生学的角度来看，优秀的教的行为也一定是优秀的学的行为的发生原因或关键。仍以教学导入设计标

---

① 这些标准是通过典型切片分析归纳、生成的，这正是切片分析的成果之一。

准为例来说明教与学行为的关系。切片诊断归纳出的优秀导入设计标准，是从教的角度进行总结的，共有三条（见前文所示）。

标准一即"创设问题情境"一段是从教师教的角度指明，教师在选择导入素材时，要考虑两点：一是学生，选材要与学生的认知水平相适应，这样的导入才能真正激发学生学习的兴趣，吸引学生的注意力；二是教师在选择导入素材时要与教学目标、教学内容相结合，以提高教学的深度与有效性。从学生学的角度来看，是为了提高学生学习的有效性。因此，虽然教学设计标准是从教师教的角度陈述的，但关注的仍是学生学习的效果。也即教的教学设计标准，是以学生学的效果的优劣为依据进行判断的。

总之，教的行为与学的行为是密不可分的，教的行为优劣是以学的行为的优劣作为判断标准的。切片诊断研究虽关注教师的教，但并没有忽略学生的学，只是视角与切入点不同而已。

三　切片诊断与课堂观察

切片诊断，从课堂观察的角度来看，它截取教学中的一个片断进行再聚焦、再观察，实现教师专业发展、教学行为的优化。它是对自己的课或同行的课进行的再观察、再思考，属于教学反思，也属于深度的课堂观察。因此，从课堂观察的角度来看，切片诊断并非"天外来客"，它只不过是借助录像，以"切片"的方式，对教学现场的另一种思考方式。以切片诊断为校本教研方式的学校，最为担心的往往是"做偏了"，这种担心是多余的、不必要的。录像分析比较常见，切片诊断最为关键的特点是录像分析的思路、过程与结论。不少学校都要求对教师的课例进行录像，但录完后有的是不再利用，有的是缺乏分析方法，进行自然状态的观察、反思，反思效果不专业、不理想。切片诊断是深度的、专业的课堂观察。

总之，课堂教学切片诊断是一个完全创新的课堂分析方法，它在中小学领域已进行了十余年的实践。从个别合作学校采用该方法到一大批学校采用，从一个地区走向多个地区的合作，从河南省走向国内八九个省份，它的实践价值毋庸置疑。但是，它在课堂观察或教学研究领域，仍有诸多学理性问题需要进行创新性思考与完善，它在校本实践中所存在的问题仍需要不断发现并解决。

第四节　课堂教学切片诊断的成果载体：切片诊断报告

切片诊断报告是课堂教学切片分析最重要的呈现方式，也是体现课堂教学切片诊断相关理念的载体。成功地进行切片诊断报告的制作与陈述是作为校本研究的课堂教学切片诊断成功实施的最重要标志。制作、汇报教学切片分析报告，也是开展教学切片诊断校本研究的核心内容。从校本研究角度看，课堂教学切片分析报告展示过程要实现两个功能：一是基于标准的评课（教学设计原理的应用）；二是基于案例教学设计原理的学习。一个理想的切片诊断报告，要讲清楚三个问题：是什么、具体表现与怎么办。

第一步，"是什么"，要讲清楚评价的典型活动是什么。在观课后进行第一次议课时，要确定所分析的典型教学活动属于何种教学设计主题，也即确定典型活动是什么。比如属于小组合作、提问、教学生成等教学设计主题。

第二步，"具体表现"，要讲清楚教学活动典型（优秀或不足）的具体表现是什么，并配合教学片断录像的播放加以解释。

第三步，"怎么办"，要讲清楚此类教学设计有效实施的基本原则，也即可操作性的教学设计理论（可以配合其他课堂上同类教学切片进行补充分析，一般需要二个及以上的切片）。

总之，教学切片分析报告，本质上是对教学现象的深度、专业反思，也是基于教学个案，归纳生成教学设计原理的过程，它最终将提升教师教学设计能力，实现教师专业发展，并提升教学的有效性。

切片诊断报告是从研究的角度对所发现的典型教学设计活动进行的学理分析，也是切片诊断方法的有形化，它的制作需要考虑如下要素。

一　选取切片的典型性

从切片诊断的初衷来看，是通过典型案例归纳、寻找教学设计的原理，以促进教师的专业成长。那么，只有典型的教学设计活动所承载的教学经验最有价值，也最值得分析。优秀的典型教学切片承载了教师的教学设计智慧，因此值得分析；典型性不足的教学切片，体现了教师典型性不足的教学设计经验，具有很强的普遍性，因此值得分析。此外，切片的典型性，也将增强切片报告所呈现的精彩程度，增强切片报告的展示效果。

切片报告中所选取的切片，既可以是教学活动片断（录像片断），也可以是图片，比如板书切片、教学目标预设切片等。

二　逻辑的清晰性

切片报告逻辑的清晰性是一个人研究素养的体现。切片分析报告就是一个微型的学术报告，它是围绕一个或几个相同的教学设计切片（案例），阐释清楚一个教学设计的原理，它的结构要清晰、严密，所有的案例与分析，都指向了最后的结论——教学设计的原理。切片分析报告的制作过程，对制作者的逻辑性要求较高，同时也是提升研究素养的重要过程，因此，切片分析报告的制作与展示，是培养研究型教师的重要路径。

三　切片报告结构的严密性

围绕让一线教师掌握教学设计的原理这一最终目的，切片报告的制作有两种思维方式：归纳思维与印证思维。归纳思维是以归纳的方式，通过切片（案例）归纳出某教学设计的原理。印证思维是先呈现教学设计的原理，然后以案例的呈现印证教学设计的原理。在这两种思维方式主导下制作的切片分析报告的结构是有差异的，它们是在实践中逐渐摸索出来的学术分析结构。

无论何种思维方式，最终都是为了达到这一目的：以案例的方式阐释清楚某一教学设计原理，使一线教师通过典型案例的分析，掌握教学设计的原理。

1. 归纳思维切片分析报告的结构

归纳思维切片分析报告的结构体现了切片诊断的价值与初衷，是最基本的切片报告制作思路。其结构如图2-3所示。

```
                   标题

        一 对于某一教学设计的认识

            1. 意义、定义（该要素可以灵活取舍）         ┌─────┐
                                                      │个 案│
            2. 现状或问题（该要素可以灵活取舍）         └──┬──┘
                                                         │归
        二 切片选取的课例的简单介绍                        │纳
                                                         ▼
        三 呈现切片,归纳、提炼原理                      ┌─────────┐
                                                      │一般意义上的教│
        四 呈现切片印证原理或丰富原理                    │学设计规律  │
                                                      └─────────┘
        五 总结、归纳教学设计的原理
```

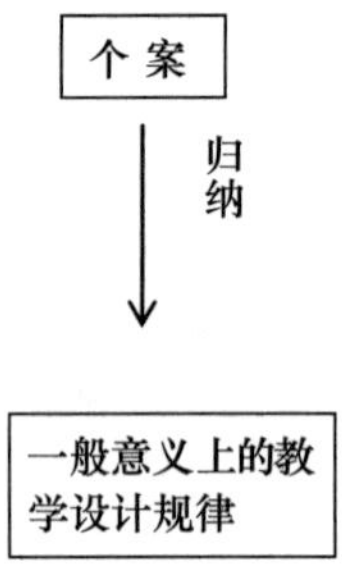

图2-3 归纳思维切片分析报告的结构

图2-3切片分析结构由五部分组成，最核心的逻辑结构是由个案归纳得到一般意义上的教学设计原理。所谓的个案，即指典型的教学切片；所谓的教学设计原理，即指通过典型个案归纳出的教学经

验，经过理性加工后生成的教学设计原理。这一切片分析结构体现了课堂教学切片方法的初衷，即通过典型教学设计活动案例，归纳、提炼教师的教学设计经验，生成教学设计原理，提升教师的教学设计能力，实现教师专业发展与教学有效性的提高。归纳思维是制作切片分析报告最基本的思维结构，也最能体现出切片的初衷与追求。

2. 印证思维切片分析报告的结构

印证思维切片分析报告的结构体现了基于标准的评课功能。它是课堂教学切片诊断发展到一定阶段，教师在掌握了核心教学设计原理后制作的一种切片分析报告。印证思维切片分析报告的展示同样可以起到教学设计原理的学习功能。相比归纳思维切片分析报告最后呈现的教学设计原理，印证思维切片分析报告最先展示出相应的教学设计原理，切片的功能是印证这些教学设计原理。在归纳思维切片分析报告的结构中，切片的功能是总结、归纳教学设计的原理。印证思维切片分析报告的结构如图 2-4 所示。

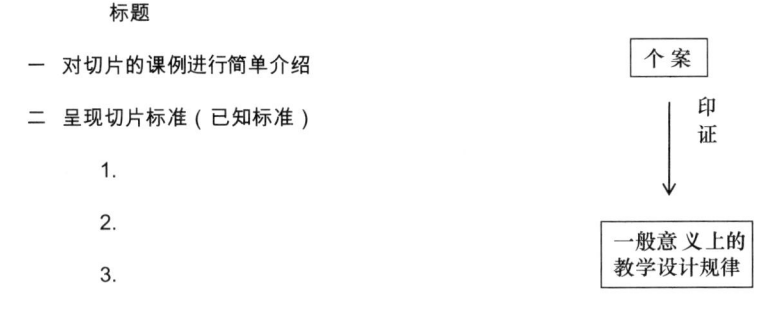

标题

一　对切片的课例进行简单介绍

二　呈现切片标准（已知标准）

　　1.
　　2.
　　3.

三　呈现案例，印证解释标准

　　呈现案例1，印证解释标准，修正切片
　　呈现案例2（同一节课或不同节课），印证解释标准，修正切片

四　总结、归纳教学设计的原理

注意：修正切片是指对不足的切片基于标准进行重新设计或构思，但并非必须这样做；并非每一项标准都需要案例印证，有的标准用语言能解释清楚，就不需要播放视频。

个案 →（印证）→ 一般意义上的教学设计规律

图 2-4　印证思维切片分析报告的结构

印证思维切片分析报告，仍是以总结、归纳教学设计的原理为结束，其用意仍在于为中小学教师讲清楚某一教学设计原理。

课堂教学切片分析报告，本质上属于学术报告，对于中小学教师而言，一方面是他们急需养成的专业素质，另一方面也是他们发展中的短板。在长期的校本研究实践中，笔者发现需要为一线教师提供相对稳定的分析模版，便于其制作切片分析报告，尽快掌握课堂教学切片诊断方法。

第五节　课堂教学切片诊断在学校实施的程序

课堂教学切片诊断自2009年探索以来，已在河南省多地区中小学长期以校本研究的方式实施着。它的最大优点是以中小学教师为实施主体，程序简单，可操作性强，因此，具有很强的普及性，它的另一个优点是具有较强的校本研究价值，它把教师专业成长、教学有效性及校本研究有机地整合于课堂研究这一活动之中，实现了集教学、教研与培训于一体。经过十余年的探索，已形成了相对成熟的理论体系与校本研究操作程序，可以进行大范围的推广、应用。

课堂教学切片诊断有两个研究成果可以推广：一是关于中小学核心教学设计系列专题的切片分析；另一个是作为校本研究方法在中小学里组织推广实施，变革传统的听评课模式，提升教学的有效性。

中小学核心教学设计系列专题切片分析培训

中小学课堂教学是由具体的教学设计组成的，比如目标预设、导入设计等。这些教学设计是上好一节课的关键，是教师专业素质的内核，同时也是切片诊断的分析标准。经过十余年的教学研究，笔者已形成十项中小学教学设计原理分析专题（见图2-5所示）。

```
                    ┌ 公共教学设计主题    一  教学目标预设与叙写
                    │                    二  情境导入
                    │                    三  教学目标呈现
                    │                    四  有效提问
                    │                    五  教学中生成事件的处理
                    │                    六  小组合作的有效性
                    │                    七  教学结构与教学线索
                    │                    八  教学过渡艺术
                    │                    九  板书设计
                    │                    十  结尾
                    │
                    └ 学科教学设计主题
                         1. 特殊课型教学设计（复习课、讲评课、
                       专业教师判断、选择）
                         2. 特殊知识的教学设计，如小语识字教
                       学、小数的教学习题设计等
```

图 2-5 教学设计原理分析专题

这些专题有三个特点：

1. 系统性。从备课到结课，它涵盖了中小学上课最常用的教学设计，包括学科教学设计与公共教学设计。这些教学设计主题既是上课必备的教学设计主题，也是每位教师应拥有的基本教学设计原理知识。

2. 微观。教学设计属于专业范畴，它很少观照中小学的课堂教学设计，特别是微观的教学设计原理。专家学者关注的是宏观教学原理，微观教学设计没有走进专家的研究视野，因此这些微观的教学设计专题无论在实践界还是在学术界都是空缺，具有很强的实践需要。

3. 切片分析。切片分析本质上就是案例分析。在教学设计原理方面，中小学教师需要的是案例分析而不是单纯的学理讲解。在讲解教学设计原理时，则需要中小学教学案例来佐证，对于中小学教师而言，他们更易感同身受。上述十项教学设计原理，是由笔者十余年来精心挑选的典型案例分析而成，在全国各地讲授，反响强烈。

这一成果在中小学校推广的方式为集中培训或分散培训，推广的目的就是让中小学教师掌握这些核心教学设计原理，以提升中小学教师的专业素养，提升教学效果。集中培训一般采取三天时间讲授，已给十余所学校的教师进行过集中培训，反响强烈。分散培训一般采取两周培训一次的方式，持续一学期时间。因为这些专题全部是围绕课堂教学展开的，从备课到结课，是一个完整的教学过程，因此进行系列培训是可能的，也是比较受欢迎的。

课堂教学切片诊断，是一种观课方法，是以中小学教师为主体而开发出的一种课堂研究方法。因此，作为校本研究方法在单个学校或县（区）学校推广，是最为重要的切片诊断成果推广路径。一个完整的实验周期是两学年。

第一学年

第一学期：实验校（区）成立切片诊断团队，由专家引领学习切片诊断方法与切片诊断标准，分为两个阶段。

阶段一：理论学习（两月）。

由专家引领，进行理论学习，以集中培训为主（半学年），实验校（区）骨干团队掌握切片诊断方法及核心教学设计的操作原理。可以集中在双休日开展培训，约需要三个双休日。集中培训的内容可分为两大类：

第一，课堂教学切片诊断方法的原理与操作方法。

第二，切片诊断的标准，也就是观课时的观测点。

以下十大教学设计，是中小学教师常用的教学设计主题，既是上好一节课的关键教学设计，又是进行课堂诊断的基本观测点。在实施切片诊断前，需要对切片诊断团队进行专题原理培训，每个专题都需要半天培训时间（十大设计主题是优秀教师的基本功，也是每节课常用的教学设计，是教师展开切片分析的理论基础。但并非每节课都要分析以上十大主题，只选择典型教学设计切片进行分析即可）。

```
1. 目标设计（重难点，容量）      5. 小组合作
2. 目标呈现                      6. 板书
3. 导入                          7. 教学生成事件处理
4. 提问                          8. 教学结构
                                 9. 教学过渡
                                 10. 结尾设计
```

阶段二：切片诊断方法——切片分析报告制作的案例实践（以专家讲解为主，两个月）。

案例实践就是以切片诊断的方法分析课例，引领切片诊断团队成员掌握切片诊断技术。

案例实践阶段应有固定分析的课例（一般为四节左右）与参与分析的人员。案例实践阶段的主体为专家团队与切片诊断团队骨干教师，目的是通过案例分析，进一步巩固切片分析标准，同时，通过案例分析，让骨干教师进行初步体验、尝试制作切片分析报告。

研究活动的频率为每两周一次，由专家团队提供课例或学校提供课例。具体程序如下：

第一周，切片诊断团队观课、议课，确定切点。

第二周，由专家引领，进行切片并分析，尝试制作切片分析报告，体验切片诊断方法。

第二学期：切片诊断方法的案例实践。收集切片，制作切片分析报告（以骨干教师尝试为主）。

由学校或专家团队提供案例，一般每学科需要四节课左右的时间，由学科骨干进行切片，由专家引领指导，具体程序如下：

第一周，切片诊断团队观课、议课，确定切点。

第二周，骨干教师截取切片，基于标准评课并进行展示，尝试制作切片分析报告。

第二学年

研究活动的主题是：将课堂教学切片诊断方法作为学校常规校本研究方法。研究活动开展的频率是两周一次，第一周学科组集体上课、议课、分工并截取切片（积累两个切片及以上才可制作切片分析报告），第二周集体进行基于标准的评课或切片分析报告展示。这一学年是利用切片诊断促进学校发展的实践阶段，通过切片分析，让一线教师掌握教学设计原理；通过切片分析报告的制作培养研究型教师；通过切片分析活动，提升校本研究的质量。根据长期的实践经验，这一学年的两个学期，研究活动安排如下：

第一学期，研讨教学设计标准、截取核心教学设计切片，开展基于标准的评课。

切片是制作切片分析报告的基础，也是课堂教学切片诊断的有形成果。本阶段有两个目的：

第一，截取切片，积累切片，为制作切片分析报告做准备。

第二，实现基于标准的评课，对于截取的切片进行基于标准的分析。

根据以往的实践经验，部分中小学教师在制作切片分析报告方面有困难，也有畏难情绪，其困难在于没有制作切片分析报告的素材。基于以往经验，第一学期暂不制作切片分析报告，以寻找、截取教学设计切片为主要任务。寻找切片的主题包括两大类：公共教学设计主题、学科教学设计主题。公共教学设计主题有十项，每项至少要有两个典型切片，切片越典型越好，数量越多越好。学科教学设计主题不多，根据学科知识特点，每学科要有三个左右的主题。具体研究流程为：

其一，全校统一规划，各学科组全体老师制订学期研究计划，轮流上展示课。

其二，以两周为一个研究周期。

第一周：以学科组为单位，集体观课、发现典型片断并分工。这一环节有三项工作要做：

第一，在具有录播功能的教室里观课，发现典型：优秀典型与不足典型（录播设备要调试，保证录像质量），课后组长要收集完整的教学资料，包括上课录像、PPT、教案或导学案、教学过程中播放的小视频等。

第二，课后议课，对典型切片作出判断。从教学设计角度，对发现的典型活动加以命名。

第三，分工，以个人为单位进行切片截取并简单分析其典型之处。这里的分析并非制作切片分析报告，而是就一个切片的典型性进行描述。需要注意的是，在对所收集的切片进行分工后人员要相对固定，比如负责导入设计的教师，以后观课发现的典型的导入设计片断，均由该负责老师截取，便于随后制作切片分析报告（对相同的教学设计主题，在收集到两个典型切片后开始制作切片分析报告）。

第二周：以学科组为单位集中截取切片并进行评价，实现基于标准的评课。这一环节有两项工作要做：

第一，由负责教师分析所截取的切片及该教学设计的标准，其他成员判断教学切片典型与否，并研讨、总结该教学切片的理想标准，实现基于标准的评课。这是这一学期的主要工作。

第二，研究团队提供十项公共教学设计的相关文献，由组长负责引导大家集体学习文献，提取教学设计的标准，修正、完善专家所提供的教学设计标准。这一工作可以和切片展示结合在一起进行，比如要展示导入设计，就先研究导入设计标准，再作出展示分析。

期末，每个学科组都要完成十个公共教学设计的切片收集工作及三或四个学科切片的收集工作，完成若干切片分析报告。

学校统筹规划，由教学副校长及学科组长负责实施，结合本学科案例，开展切片诊断，其目的在于让一线教师掌握切片诊断的方法与核心教学设计的原理，实现教师的专业发展，提升教学有效性，培养研究型教师。

第二学期：截取切片，制作切片分析报告。

这一学期进入了成果形成的阶段，经过理论学习、专家引领及骨干教师的尝试后，教师已熟悉切片诊断方法及教研流程。切片诊断成为学科常态化的科研活动，其流程与上一学期基本相同，切片负责人进行切片收集的轮换工作，原来负责收集导入切片的老师，这学期可承担新的切片如提问切片的收集任务。

第一周：以学科组为单位，集体观课、发现典型切片并分工。这一环节有三项工作要做：

第一，在具有录播功能的教室内观课，发现典型：优秀典型与不足典型（录播设备要调试，保证录像质量），课后组长要收集完整的教学资料，包括上课录像、PPT、教案或导学案、教学过程中播放的小视频等。

第二，课后议课，对典型切片加以定性。从教学设计角度，对发现的典型活动进行命名。

第三，基于上学期的分工，由相应的负责人收集切片，制作、丰富、完善相关切片分析报告（一个切片分报告，四个左右的典型切片，将其余的切片放入切片库）。

第二周：以学科组为单位集中展示切片分析报告，并予以修正、完善。这有两项工作要做：

第一，判断切片典型与否。

第二，修正切片报告的逻辑思路。

期末，每个学科组每人完成两个切片分析报告任务（上学期负责的切片主题及本学期负责的切片收集主题），承担学科切片的教师，也要轮换着承担切片收集任务。每个学科组可制作完成二十个公共切片分析报告与六或八个学科切片分析报告（同一切片主题，分别由两人承担）。切片分析报告，可以在下一学年由负责人写成文字稿，形成教学设计学术小论文，集结成册。

课堂教学切片诊断，理想的目标是，学科组每人完成十个公共教学设计切片分析主题，以及三或四个学科切片分析主题。

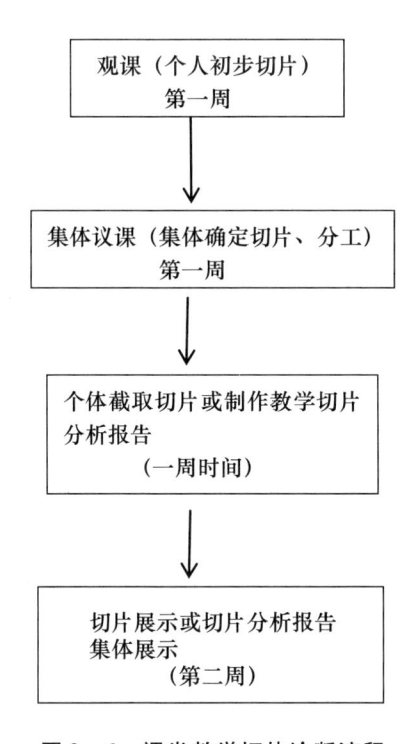

```
观课（个人初步切片）
第一周
      ↓
集体议课（集体确定切片、分工）
第一周
      ↓
个体截取切片或制作教学切片
分析报告
（一周时间）
      ↓
切片展示或切片分析报告
集体展示
（第二周）
```

图 2-6 课堂教学切片诊断流程

注意事项：
（1）集体教研，完善与调整十大公共教学设计标准。由专家团队提供与十大主题相关的文章或著作，学科组研讨十大教学设计主题的教学设计标准，可以对前期培训标准进行修正、完善，对学科设计主题的标准也可以进行集体研讨。

（2）并不是课堂教学中的每个教学活动都值得分析，只分析所呈现的典型的教学活动片断。

（3）学科教学设计原理是基于学科案例得出的，并非每节课都会呈现出典型学科教学设计原理，只有呈现出的典型学科设计活动，才值得分析提取。

（4）只有收集了两个及以上的切片时，才可以制作切片分析报告。

第三章 课堂教学切片诊断的原理

课堂教学切片诊断是教学经验概念化的过程,诊断的结论是实践性教学理论,课堂教学切片承载着教师的教学经验,把教学经验固化,切片分析是提取教学经验的过程,切片分析的结论是教学设计原理,它可操作性强,属于实践性教学原理。课堂教学切片分析的最直接的目的是提升教师的教学技能,实现教师专业成长,提升教学的有效性。

第一节 实用主义经验视域下的课堂教学切片诊断

教学经验是教师日常话语的高频词,也是教师自我评价专业发展程度的关键词。"优秀教师以'有经验了,教学就轻车熟路了,来归纳他们教学成功的秘籍,新手教师以'一点经验都没有,上课真是赶鸭子上架,来表述他们教学困难的缘由。"[①] 可见教学经验是教师教学实践发生的基本逻辑,是课堂教学行为发生的逻辑。虽然教学经验在中小学校场域内是一个人人熟知的概念,但若要进一步追问,何为教学经验,教学实践与教学经验的关系,教学经验在日常教学中如何

---

① 刘桂辉、侯德娟:《教师的教学经验及其理性升华》,《中国教育学刊》2017年第3期。

发挥作用，有何路径等问题，似乎又很难回答。对经验的重视与解读最为经典的为实用主义哲学，经验也是实用主义哲学理论的"本体"概念，本章拟从实用主义关于"人类经验"的认识来讨论教师教学经验的意蕴。

一　为何要重视与重估经验、教学经验的价值

以杜威为代表的实用主义哲学理论提出的初衷之一是反对形而上学而重视实践，"形而上学的传统思路是把自身高悬于经验、日常之上，以一种绝然的凝视来统括自然、宇宙，在此种凝视与静观中所遗漏的是人的生存境遇，人的交往与改造。"[①] 杜威等实用主义学者批判那些为理论而理论的研究，反对不关注现实实践问题的研究。在实用主义系列理论中，"经验"是教育理论及教育哲学理论的基石和核心。杜威甚至认为一盎司经验能胜过一吨理论，以致"离开经验的理论，甚至不能被理解为理论"。在此，我们将通过"经验"来理解实用主义要重估、重视经验的意义，同时深入阐述当前为何要重视与重估教学经验的价值。

（一）经验支配着实践的发生

以杜威为代表的实用主义哲学的核心理念是围绕"经验"展开的，为何要重视经验呢？根本原因在于，杜威认为，哲学所追求的"指引改善实践的理论"并没有出现。杜威指出："到目前为止，人们并没有发现支配日常实践的这个理性力量的存在，这不是人类所谓的纯粹理性所能达到的。"在杜威的时代，经验是"技能"的代名词，人们追求的是具有普遍性的理论、真理，但是实践的发展表明，所谓"理性"，这个曾指引我们到普遍真理的高级世界中去的目标，如今已令我们觉得渺茫、无趣和无关紧要了。"理性，如康德所谓以

[①] 刘文祥：《杜威的经验概念研究》，博士学位论文，吉林大学，2013年。

普遍性和条理性赋予经验的，已令我们日益觉得是多余的——是耽溺于传统的形式主义和精巧的术语学的人们所特创的无用的东西。"①因此，实用主义者认为，指引实践发生的是经验而不是抽象的理论。"经验虽有限境，但它却给予人们以指引行为的适当的步骤所需要的光明。他们断定那出自高级贤能的所谓的权威的指导实际上阻碍了人们。"② 由此看来，与其重视并没有出现的指引实践发生的理论，倒不如重视存在局限的经验。

在社会实践中，虽然经验不是理性、普遍的真理，但它的结果是道德的、智性的，我们无须在乎经验包含多少"形而上学"的特性，经验是参照现在的需要而发展起来的，它可以被用作特殊的改造目的和手段。换句话说，它虽不是大家心目中的绝对"理性"，但它有用、有效，这就足够了。它是实实在在地支配着实践发生的力量，我们可以给它起个名字，叫作"智慧"。类比我们的中小学教学实践，究竟是"教学经验"支配着教学实践的发展还是"教学理论"支配着实践的发展，答案是清楚的，那就是教学经验支配着绝大多数教学实践的发生。我们一直期待的、能够指引教学实践的教学理论，离我们的教学实践是如此的遥远，难怪一位一线教师说："听过了很多道理，但依然过不好这一生。教育教学原理，师范学校学习过、考教师资格证时考过，招教考试时学过，但在教学实践中它们却仍然用不上！"支配中小学校教育教学实践发生的究竟是理论还是经验呢？

"杜威认为，经验从现实意义而言，它的合理性表现为一种事关问题情境之解决的操作方法。"③ 研究者吴刚平指出，行动逻辑是指行动发生的原因机制，经验则是教师在教育教学活动中的行动逻辑。④

---

① ［美］杜威：《哲学的改造》，许崇清译，商务印书馆2011年版，第56页。
② ［美］杜威：《哲学的改造》，许崇清译，第47页。
③ 刘文祥：《杜威的经验概念研究》，博士学位论文，吉林大学，2013年。
④ 吴刚平：《教师实践性知识的行动逻辑与理解转向》，《全球教育展望》2017年第7期。

教学实践的发生是基于教学经验的，如果教学经验具有我们期待的"理论"所能达到的效果，能改进、优化教学实践，提升教学质量，那么我们就有理由重新审视教学经验的价值，重新诠释其在中小学实践中的意蕴。

（二）重视经验的根本意义在于重视现实生活与实践

教育是实践的事业，重视教学经验就是要重视教学实践，这是推动教育实践发展的根本。实际上，实用主义哲学为经验提供了理论依据。"当我们说经验是一种具有现实性的、当下时间指向的过程时，我们所说的经验就是一个由个体'行为实践'来完成的过程，而不是一个并无时间纳入的自在自为的思维实践。"① 实用主义哲学认为，哲学的全部意义在于实践，但这并不意味着实践就是一切。实践的目的是改善经验，即改善人与自然和社会环境的关系，改善人的生活和生存条件。② 经验在哲学与实践之间架起了一座桥梁，思想、观念的真理性在于它们能充当人们行动的工具，而只有经验才能担当此大任。实用主义哲学重视经验的根本要义在于重视实践，在追求理论（真理）与追求实践的选择中，实用主义哲学选择了后者。

1. 真理（理论）并不是最终目的，实用主义哲学家把真理（理论）当作行为、行动、实践发生的工具，他们认为，行为、行动或实践具有比理论更高的意义。杜威指出，唯理智主义的一个重大弊端在于它把"过程"看成是一个毫不重要的东西，以至于把实在抬到了决定性的地位。但是，经验具有过程性，"过程性"表达了经验的实践的意义，或者说，在这里经验已不再是一个过去性的经验了，而是转入了当前，因而对经验的重视就等同于对实践、当下生活的重视。实

---

① 刘文祥：《杜威的经验概念研究》，博士学位论文，吉林大学，2013年。
② [美] 杜威：《杜威全集》，王成兵、林建武译，华东师范大学出版社2011年版，第3页。

用主义学者对经验"过程性"的肯定，为经验的内涵注入了一个现实性维度，倡导哲学应关注现实、实践，不要过于关注"形而上"的"实在"。

2. 真理（理论）的价值是在实践中检验的。实践是检验真理的标准。真理（理论）的目标是适应行为、行动、实践的要求，并在行为、行动、实践中得到检验和证实。

3. 真理（理论）是在与实践相互作用中生成的。真理是动态的而不是静态的，真理的寻求离不开实践，真理的完善也离不开实践。"真理作为一种观念的存在不是静止的存在，而是一个由此及彼的发生过程；真理不是处于人的行动之外，而是处于行动之中，是在人的行动和实践中获得的。"①

为何要重视教学经验呢？类比实用主义者对经验重视的理由，我们认为，真正的教育理论是实践或行动发生的工具；真正的教育理论需要在教育实践中接受检验；真正的理论应来自实践，是在与实践的相互作用中生成的。从理论与实践相结合的角度来思考，当下的基础教育改革是历次改革最为成功也最为热烈的，基础教育实践受到了前所未有的重视，改革的实践迫切需要相关理论的指导。从基础教育实践的属性来看，在中小学校场域中，教育教学实践高于一切，要重视教育，就要重视教育实践。多数人认为，理论的终极目标是适应行为、改造行动与优化实践，最终取得理想的实践效果。平心而论，当下的教育教学理论研究相当繁荣，但又有多少能深入、有效地指导教育实践的发生呢？如果离开中小学教学实践来生产基础教育理论，那么，这样的理论就失去了现实意义。

总之，从当前教育教学实践的背景来谈重视教学经验，其根本意义在于倡导重视教育教学实践，利用经验的现实性与实效性，为提升

---

① 刘放桐：《杜威哲学的现代意义》，《复旦学报》（社会科学版）2005年第5期。

教育教学实践的质量服务，这与实用主义哲学重视经验的初衷完全相同，具有重要的现实意义与时代价值。

（三）重视经验符合哲学变革的潮流

在实用主义哲学产生之前，经验是不受重视的。

1. 古希腊理念论时期的经验

处于哲学"形而上学"理念论时期的古希腊学者思考的是"什么是实在""世界是如何组成的"等问题，理念（idea）是唯一真实的存在，经验就因为其缺乏理性、普遍性而不受重视，以漂浮于哲学系统外围的东西而存在。经验由于紧密结合于实践因而不属于"纯粹"的真知，比如，在《理想国》中，柏拉图将世界区分为形式、理念世界与经验、感知的世界。理念世界是一切真知的本原，而来自物质世界的，变动不居的感观信息如经验是不可信的，它只是以表象的形式反复地编织着错误与虚假。

2. 理性主义哲学的经验

在理性主义时期，经验由于缺乏理性而被排除在理性知识之外，比如，康德把知识与经验进行了分割，从经验到知识，其距离是遥远的。经验从杂多、知识的对象再到知识，其过程是，"先有被给予的经过直观形式初步整理的却是非概念的杂多，再由逻辑在先的知性范畴的进一步规范而形成知识的对象"[1]。总之，在实用主义哲学产生之前，经验不受重视的原因大概是因为人们认为："经验属于哲学意义上的感性认识，是人们通过实践得到的对事物的表面现象的认识……处于认识的初级阶段，是个体对客观事物各个方面、表象和外部联系的认识。"[2] 感性认识的结果是"经验"；与感性认识相对的是理性认识，理性认识是建立于感性认识基础之上的，处于认识的高级

---

[1] 王增福：《麦克道尔论概念化的经验及其理论效应》，《科学技术哲学研究》2013年第5期。

[2] 薛贝贝：《教学实践中的经验主义现象研究》，硕士学位论文，山西大学，2017年。

阶段，其认识的结果是"理论或理论知识"。"整个社会系统被分裂成了两半，一半是重视理性、思维、形式的贵族式的道德至善，一半则是被贬低了的感觉、经验、实践活动。"① 这些认识使得经验在哲学领域包括教育学领域得不到重视，经验没有走进知识的殿堂，其价值没有被充分认知与发掘。

3. 实用主义哲学中的经验

实用主义哲学使得经验受到了前所未有的重视，经验逐渐走进了哲学家的视野而取得了合法的地位。从教育哲学的角度来看，实用主义哲学引领人们重新认识受教育者的经验在学习过程中的重要性，学习的过程就是经验的改组与改造，但教育者——教师的经验并没有得到充分的重视与利用，特别是在教师专业发展领域，教师教学经验被有意或无意地忽视了。

4. 后现代时期的经验

20世纪中叶，后现代哲学对真理、理性、确定性、清晰性等观念进行了猛烈抨击。以哲学家波兰尼为典型代表，他提出的知识概念——个体知识、缄默知识冲击着对教师知识的原有认识，为教师的专业发展找到了最直接的理论依据，即个体知识。个体知识、缄默知识相关理论的提出，为经验成为教师的专业发展桥梁进行了合法的知识辩护。"艾斯纳为那种直觉性的、个体性的、体验性的、从实践中产生的缄默知识的合法性给予了有力的辩护。他说，基于缄默知识的决策，可以不必进行理论性辩护，然而它在教育上是非常有效的，并且在直觉上是恰当的。"② 从知识观的角度，教学经验可以等同于个体知识，缄默知识是教学经验的核心结构。因此，波兰尼的个体知识、缄默知识在教师教育领域引起了轰动，为教师教育提供了清晰的知识论依据。

---

① 刘文祥：《杜威的经验概念研究》，博士学位论文，吉林大学，2013年。
② 陈振华：《论教师的经验性学习》，《华东师大学报》2003年第18期。

在这种知识观的哲学背景下，教师的经验学习、缄默知识的学习在世界各国包括在我国逐渐赢得了合法地位，中小学校开始了以"教学经验"学习为目的的教师专业发展活动，比如全校性地开展教学反思研究、新老教师结对子开展教师的叙事研究等，这些活动就是以教学经验的学习与优化为目的，进而提升教师专业发展水平与教学质量。

综上所述，在哲学领域中，经验从不受重视，被排除在哲学思考之外，到受到重视，走进哲学视野，成为哲学的内核；从教育哲学领域来看，杜威的实用主义哲学让我们重视学生学习的经验，改造我们教与学的过程；从当下基础教育实践发展的角度来看，我们应从单单重视学生的学习经验过渡到同时重视教师的教学经验，以教师的教学经验推动教师教育领域的变革，对教师教学经验的认识与价值的利用应逐渐深入、细化与专业化。

二 实用主义哲学视野下教学经验的内涵

经验在实用主义哲学视野里，不仅仅是一个学术概念，而是具有生命、生存向度的意义表达。实用主义学者认为，经验并不是把人和自然界隔绝开来的帷幕，它是了解自然界，深入自然的心脏的途径。教学经验是联系教师与教学实践的途径，也是深入教学实践的媒介。"只要人们有这种机智和勇气去追随经验中所固有的指导力量，经验中就有这种指导力量，而哲学的失败就是由于不信任经验中所固有的这种指导力量。"[①] 在中小学校场域中，教学经验连接着教师专业成长、教学有效性与校本研究的质量，这种经验因系于教师的行为与存在而具有了"过程性"与"生命向度"，对于中小学教师而言，教学实践中的教学经验有何意蕴呢？

---

① ［美］杜威：《经验与自然》，傅统先译，江苏教育出版社2005年版，第2页。

(一) 教学经验是指对教师专业发展（教学）具有重要意义的知识事件（knowledge-affair）

何为教学经验？我们先看何为经验。经验首先是一个经历（undergoing）的过程：一个维持某些东西的过程；一个受难和煎熬的过程；从这些词的字面意义上说，是一个情感受影响的过程。① 教学经验显然是指教师的教学经历与过程。但从教师专业发展的影响程度来看，一般意义上的经历与过程并非有意义的教学经验。教学经验是指在教学生涯中对其发展具有典型意义的经历与过程，"教师个体经验不是无所不包、没有选择的发展经历，它特别是指一些具有独特性的、富含教育价值和教育意蕴的教师个人体验和感悟。"② 这些典型事件将深刻影响教师对此类事件的认识，丰富和深化了教师在这方面的经验。比如杜威指出："只有一连串的单独运动，如在痉挛中的筋肉收缩等。这些运动简直不成东西，它们对于生活没有一点结果。"③ 因此构不成经验。有意义的事件或经历是教师教学经验的重要组成部分，对教师专业实践与成长具有重要价值。

(二) 教学经验是教师关于"一类"教学实践活动的习惯

杜威有一个生动的论述，分析了医生诊断经验的形成过程及对诊断实践的意义。他试图说明经验的理性是如何获得的，是如何体现的。即通过对个别特殊事件中所内蕴的经验的归类，也即归纳法，形成了规律，不把特殊事件当作个例，而是将其作为某一部类来看待，寻找这一部类的动作。

将特殊的事件融合起来，行动（在它所及的范围内是普遍的）构成一个方式。"职工、鞋匠、木匠、运动家、医师等处理事件有一定的常规，在他们当中所表现的一种熟练技巧发展了……从所遇见的多

---

① [美] 杜威：《杜威全集》，王成兵、林建武译，华东师范大学出版社2011年版，第7页。
② 王帅、方红：《教师个体经验价值辩证与实践突破》，《全球教育展望》2011年第4期。
③ [美] 杜威：《哲学的改造》，许崇清译，商务印书馆2011年版，第52页。

数特殊病患中，医师学到把若干症候归为一类。他定下一个服用药、饵的规则。这就构成我们所谓的经验。而其结果，如前例所明示的，就得到一种概括的见识和行动中的一种有组织的技能。"① 医生的诊断经验，要想能指导其诊断行为，就要求，"这个规律性自然是表明那特殊事件不是作为孤立的特殊事件看待，而是作为属于某部类的一例来看待的，所以它要求某一部类的动作"②。杜威指出，理性主义者会认为，这样构建的经验毫无疑问是有限的而且是有误的，原因就是缺乏"理性"，不具有普遍性。"如亚里士多德所常说的，是适用于寻常事件的一个规则，则不是普遍的、必然的，或者当作一个原理适用。"③ 唯一有效的是概念、原理世界，这些经验仅是一块"踏脚石"而已，并且是在找到原理后，就会放下踏脚石不管，再也不会回头去修正它。实用主义并不这样认为，而是认为，经验是一类事物的规律，它具有指导实践发生的价值，因此应充分重视它，利用它。

　　这里需要指出的是，经验是一类事物发生的规律，它是由个别事物汇总为一类事物，是使用归纳法得出的结论，这就是寻求普遍性的一个做法，是一种理性的体现，因此说它缺乏理性，排除它指导人类行为的有效性是偏颇的。与理性主义所述的"普遍性、确定性"相比较，医师通过典型病例所积累起来的诊断经验，其理性虽是有限度的，但却是有理性的，至少在一定的病例群体中是合理的、可行的。教师的职业与医生最为类同，教师的教学经验类同于医师的治疗经验。虽然教学经验的普遍性、理性具有限度，但它毋庸置疑是具有理性的，具有指导实践发生的普遍性。其实，任何理性、确定性都是在一定限度、一定范围内的，反本质主义不正是对追求永恒理性的批判吗？

---

① ［美］杜威：《哲学的改造》，许崇清译，商务印书馆2011年版，第48页。
② ［美］杜威：《哲学的改造》，许崇清译，第48页。
③ ［美］杜威：《哲学的改造》，许崇清译，第48页。

(三) 教学经验来自过去，但联系未来，规划、指向未来的教学实践

以杜威为代表的实用主义者，被认为掀起了哲学上哥白尼式的革命，其根本原因是克服了各种形式的二元论。"它既不把经验当作主体对客体的反映（认识），也不把经验当作独立的精神（意识）存在，而当作主体和对象，即有机体和环境之间的相互作用。"① 教学经验就是教师个体与其教学实践相互作用的结果。教学经验连接着过去的教学实践，又指向未来的教学实践。因此教学经验对过去的实践具有反思意义，对即将来临或将来教学实践的优化极具意义。"记录所发生的和参照过往都被认为是经验的本质。经验主义被设想为与过去曾经是的东西联系在一起，或者被认为是'给定的'。但经验在其根本形式中是实验性的，是一种改变给定的努力；它以规划和涉及未知为特征；与未来的联结是其显著的特征。"② 经验指向将来的特征，提示我们，要重视教学经验的价值，它对教师个体教学实践的优化与提升极具潜力，因为它是指向未来的，重视教学经验，就是重视教师未来的发展。

(四) 教学经验是开放的、包容的，没有定型并且是不断变化和发展的

教学经验的这一特征，被杜威认为是经验的连续性与累积性，这一特征本质上是"经验是个体与环境相互作用"特征的延续，因为实践是持续发生的，因此教学经验是开放的、不断变化的。

"教师的个体经验静态上是教师个体在教育生活实践过程中所形成的认识与行动图式；动态上则是教师在自身的日常教学与生活实践中，通过学习、交流与实践，不断反思、体悟的生成过程。"③ 教学实

---

① 刘放桐：《杜威哲学的现代意义》，《复旦学报》（社会科学版）2005年第5期。
② [美] 杜威：《杜威全集》，王成兵、林建武译，华东师范大学出版社2011年版，第5页。
③ 王帅、方红：《教师个体经验价值辩证与实践突破》，《全球教育展望》2011年第4期。

践占据了中小学教师日常生活的全部，教师的专业成长是在实践中以经验的改组、改造而实现的。"杜威把人和自然、经验和理性等的相互作用看作一个不断发生和发展的无尽的过程，这一过程也正是人的生活和实践的过程。"[1] 教学经验正是在这一过程中产生、发展、累积与完善的。"我们不只是蹈袭既往，或等候意义事件来强使我们起变化。我们利用我们的既往经验，来造就新的、更好的经验。于是经验这个事实就含着指引它改善自己的过程。"[2] 教学实践的开放、流动，导致教学经验的开放、没有定型，为教师的教学经验改造与教学实践优化提供了无尽可能。

三 "教学经验"对中小学校核心教学实践的支配

根据知识内容的不同，可以把知识分为三类：对象知识（我知道北京）、命题知识（我知道今天下雨了）和实践知识（我知道如何骑车）。教学经验显然属于实践知识，是教师个体知道"如何教学"的操作性知识。课堂教学的有效性要求、教师专业发展的价值追求，不正是希望"教师应知道如何教"吗？从这一角度来看，有了优秀的教学经验，课堂教学的质量、教师专业发展质量也就有了保障。

（一）教学经验是新手教师成长为优秀教师的重要知识基础

课堂教学是以教师的教学实践活动为呈现形式的，而支配教师教学行为发生的正是教师个体的教学经验。教师教学效果的优与劣取决于教学经验的优与劣、多与寡。

优秀教师与新手教师在教学中的差异性主要体现于教学经验的丰富度上，其实践效果是由教学经验的丰富程度所决定的。有学者以新手教师与有经验教师数学概念课教学为例进行了对比研究，结果表明："新教师在概念教学中对学生已有经验的认知、学生在概念学习

---

[1] 刘放桐：《杜威哲学的现代意义》，《复旦学报》（社会科学版）2005年第5期。
[2] 刘放桐：《杜威哲学的现代意义》，《复旦学报》（社会科学版）2005年第5期。

中可能遇见的困难和产生误解的知识等方面的预知能力均明显低于有经验的教师。"① 教师教学行为的发生是由教师的教学经验所支配的，研究结果表明，教学经验是决定教师教学实践效果的决定性因素，那么培养优秀教师，就可以从教学经验的提升与优化入手。

（二）教学经验是支配教学实践发生的"实践性教学理论"

按照传统的思维方式，教师的专业发展是依靠理论还是经验呢？教学实践质量的提升是依靠经验还是理论呢？答案似乎是肯定的，那就是要寻找能促进教师专业发展、提升教学实践质量的理论。"教育者心中有一种命题性知识情结，这一情结不仅导致了广大教育者对命题性知识的偏爱与偏信，也直接导致了对非命题性知识包括教师的经验重视不够，甚至对教师的经验表现出蔑视的态度：'专家拥有知识，教师只有经验。'在整个教师教育领域，强调了理论性学习，忽视了经验性学习。"② 支配教师教学行为的是什么知识？这是学者黄政杰在其著作《教学原理》中的发问，他认为："教学是教师关于教学实践的行动哲学，有效教学的实践多基于教师的经验性知识而非专家学者的理论性知识。教师的教学实践，实际上是一种行动科学，也是一种实践艺术，更是教师个人信念与知识的行动体现，教师的全部经验与智慧皆体现于教师的教学活动中。"③ 显然，教学经验是支配教师教学行为的核心力量，教学经验的优与劣直接关系着教学实践的优与劣。但对于教师教学实践的优化，或教师的专业成长，人们更期望学习命题性知识或理论知识，教学经验是支配教学实践发生的实践性教学理论。

（三）教学经验是中小学校本研修的对象与核心媒介

教学经验是教师专业化发展的核心内容，也是中小学开展校本研

---

① 宋淑花：《新教师与有经验教师初中数学概念教学中的PCK研究》，硕士学位论文，山东师范大学，2017年。
② 陈振华：《论教师的经验性学习》，《华东师大学报》（教育科学版）2003年第3期。
③ 黄政杰：《教学原理》，台湾师大书苑1997年版，第123页。

修的主题。比如,当前中小学十分常见的校本研修方式有教学反思、师徒式的新老教师结对子与听评课活动,这三类校本研修活动在本质上皆是以教学经验为研修对象的。

1. 教学反思

教学反思是课后教师对自己上课实践活动的优缺点以文本的形式进行反思描述。该活动直接反思的是教学实践活动中所蕴含的教学经验,最终实现的是优秀教学经验的强化与不足经验的改进与提升。

2. 师徒式的新老教师结对子

教学行为是教学经验的外在表现。新手教师往往借助观摩老教师的教学实践活动来提升自身的经验水平,这是最为常见的培养新手教师的方式。新老教师通过教学观摩、口传心授,提升的是新手教师的教学实践质量,本质上是以老教师的经验来丰富、优化新手教师的教学经验,最终实现共同成长。

3. 听评课活动

教学经验是支配教师教学实践发生的"个人理论",听评课实践活动,本质上观察分析的是上课教师教学经验的实践表现,最终优化、改进的是听评课双方教师的个体教学经验。

这三种十分常见的中小学核心实践活动,是中小学促进教师专业发展和提升教学质量、开展校本研修的主要路径,三者皆以教学经验为核心抓手,以教学经验的丰富、优化为目标,最终实现教师专业成长、教学有效性与校本研修质量的提升。

四 从原初经验到反省经验:中小学教师"教学经验"概念化的紧迫性

按照经验的成熟度,杜威把经验分为两类:原初经验与反省经验。"原初经验是指一种包含了原始材料、原始感悟的经验认识,虽然它还没有深入题材的关联、因果、规律性的认识中,但它却是一切经验认识的原始地。"相对于原初经验,反省经验具有更进一步的反思性与实践性。"随着经验在数量上的增加,经验的价值也成比例地提高,和以前很不相同。所以,经验的质量起了变化,这种变化非常重要,我们可以称这种经验为反省的经验。"① 很明显,反省经验是原初经验的高级形式,反省经验的思维性是原初经验所不具备的特征,尽管这两类经验是相互联系、相互关联的。反省后的经验是最有价值的经验,就教学而言,它是有效教学的内在力量。教学经验概念化具有一定的紧迫性。

(一)教学经验以"自发状态"的原初经验支配着教学实践,尚未进入反省经验阶段的"自觉"

教师关于教学经验的学习可以分为两类:一是自发学习;二是自觉学习。自发的经验学习是无意识学习,处于自然状态,这样学习的显然是原初经验,其学习结果是不理想、不显著的。"所谓无意识性是指作为主体的教师是在行动中无意识地增长了相关知识,一切学习在'做'中自然地发生着;所谓不显著性,是指这种学习所掌握的知识不甚明显,甚至不可言说。"② 那么自觉的经验学习则是指有明确的学习目的,借助教学经验的载体——教学实践,有组织有目的地建构个人教学经验的过程。自觉的经验学习,其结果是得到反省经验,意味着学习主体的积极性,学习目标的明确,学习效果的高效。中小学教师对教学经验的学习处于自发学习状态,停留于原初经验阶段。

1. 对教学经验价值认识不足。由于受传统的哲学领域对经验价值认识的影响,因此实践界对教学经验的认识存在偏差,轻视经验的价值。

2. 无明确的经验学习意识,是为活动而活动,学习活动处于经验学习的自发状态。这些活动是为"反思而反思"、为"结对子而结对

---

① [美]杜威:《民主主义与教育》,王承绪译,人民教育出版社1990年版,第154页。
② 陈振华:《论教师的经验性学习》,《华东师大学报》(教育科学版)2003年第3期。

子",参与者并不明确学习的载体或抓手是教学经验。

3. 教学经验上升为反省经验,缺乏概念化的意识与方法。教学经验零散地、自然地体现于教学实践活动中,其价值发挥的最有效方式是"概念化",生成反省经验。教学经验的概念化需要一个过程,即从经验活动到经验表现的转化,这里需要特殊的方法。但是在中小学的教育教学实践活动中,以听评课为例,一线教师缺乏归纳、提炼上课者典型教学经验的意识、做法,更无适切的概念化方法(听评课方法),导致日常的教学经验概念化活动低效甚至无效。

(二)自发状态的原初教学经验学习束缚着教师成长,阻碍着教学实践的变革

真正有意义的教学经验学习,在于提升教学的实践智慧,配合并推进教学实践的变革。但自发状态的教学经验学习不但不能提升智慧,甚至还会阻碍教学实践的变革。现实中的教学经验学习,多处于自发状态,其效果不尽如人意。有学者总结了教师教学经验自发学习的三种实践样态。[①]

1. 故步自封、茧式退化样态的教学经验学习。这类教师自恃拥有的教学经验足以应对教学变革,以不变应万变,对当下的教学变革置若罔闻,当周遭的教学面貌发生全新的变化时,他仍是一副"我自岿然不动"的样态,认为已有教学经验足以应对一切教学问题,这类教师群体与教学实践变革是处于对抗状态的,教学变革在这样的教师群体面前难以实施,更谈不上向纵深发展,这是最消极的自发状态的经验学习。

2. 形式化的教学经验学习。形式化的教学经验学习是外在的学习,内在经验没有发生实质性变化。他们或者为迎合教学变革的要求做表面的应承,或者迫于行政压力做外在教学形式的改变,内心的抗

---

① 刘桂辉、侯德娟:《教师的教学经验及其理性升华》,《中国教育学刊》2017年第3期。

拒使得任何优秀经验都难以融入旧有的教学经验之中，教学变革是"穿新鞋走老路"，而作为行为依据的个体教学经验却没有得到任何优化与发生实质性的变化。形式化的教学经验学习，是负效教学经验学习，这种教学经验学习不仅束缚其专业成长，也阻碍了教学改革的实践进程。

3. 照搬照用、直线累积样态的教学经验学习。这类经验学习比"故步自封"、茧式退化样态要前进一步，他们是在"对有效教学经验的追求中滋生功利性目的，大量地学习他人的教学经验，将现成的有效教学经验作为教学的万灵贴"，以拿来主义的态度学习已有经验，不变通，不改造，没有考虑别人的经验与自己教学实践的适切性。以这种方式学习得来的经验，实现了经验的直线式积累，无法"蝶变"为蕴含教育意义的智慧型经验，无法实现教学实践的真正变革。

这三种经验学习样态，反映了一线教师的三种心态与三类群体，必须采取相应的措施改变它们，使经验学习由自发到自觉，由原初经验转变为反省经验。库伯认为，成人经验学习是改造或者转化经验、创造经验的过程。[①] 当下普遍存在的自发状态的经验学习，很少能转变为改造、转化与创造状态，由原初经验到反省经验，中小学教师教学经验学习具有紧迫性。

五　中小学教师教学经验概念化的方法与路径

教学经验的概念化就是使散存于教学实践之中的零散、分散、缄默性教学经验条理化、明晰化，使经验由"原初经验"过渡、发展到"反省经验"。教师教学经验的学习，教学经验实践意义的发挥升华，必须走经验概念化之路。因为教师个体通过感知所获得的信息状态是非概念性的、原初的，或者说是非概念化的，是零散地存在于教师的

[①] 刘桂辉、侯德娟：《教师的教学经验及其理性升华》，《中国教育学刊》2017年第3期。

意识之中的，其实践意义的发挥是自发的、低效的。教学经验的概念化，将使经验的理性增强，进入反省经验阶段，使经验价值的发挥由自发走向自觉。基于教学切片的教学经验概念化，是中小学教师比较适切的概念化之路。

（一）教学切片，承载教学经验的理想载体

教学经验在教学实践中是以教学活动的方式呈现的，它具有情境性与时间性，如何保存教学经验呢？现代多媒体技术的发展，为教学经验的保存提供了理想的载体：教学录像。教学录像可以全息化地保存教学实践，固化情境，可以反复重现教学实践现场。教学切片是教学行为录像片断，"教学切片"这一词是受生物学、生理学中"切片"概念的启发而提出来的。教学切片是碎片化的教学设计行为片段，以录像为载体，每一切片在本质上就是体现某一教学技能的课堂教学行为录像片段，体现了教师的某一教学经验。

（二）教学经验概念化的切片分析三步骤

面对某一教学活动，如何提炼支配其发生的教学经验呢？基于教学经验的内涵，切片分析要从三个方面进行：是什么、为什么与如何办，这三个方面是教学经验的基本结构。

第一步，是什么，也即定性。经验，是指某一类问题的一贯解决办法。在截取典型教学活动后，要想提炼该教学活动的教学经验，就要判断该教学活动属于何类教学设计主题，也即给该教学经验"起个名字"，使其上升到某一类活动，避免就个案说个案。

第二步，为什么？也即分析该教学活动的功能、价值或效果。就整节课而言，某一教学活动承担了一定的教学功能，这一教学功能就承载了这一理想教学活动的教学效果。进行课堂教学切片分析，要选取两类切片：一类是优秀教学切片，这类切片的效果即为该教学设计的功能；另一类是典型的不足切片，这类切片的教学效果是该教学设计应避免出现的。在教学经验的归纳提炼中，这两类切片都需要选取，其教学效果都需要归纳。

第三步，如何办？也即分析某教学活动理想效果达成的操作办法。这可从优秀教学切片及不足教学切片的对比中，提取理想教学活动的操作步骤。

总之，是什么、为什么与如何办，构成了一个完整的实践问题的解决办法，这是基于教学经验结构的三个问题。

（三）教学经验概念化的切片分析路径

1. 对同一教学设计的多位教师教学切片的横向比较

对相同教学设计主题的不同教学经验进行横向比较整合，对经验的个体性优点进行横向融合，最终实现教学经验的优化、丰富，实现专业成长。比如，课堂教学活动有许多共同的教学设计（比如小组合作活动、提问活动等），不同的教师，不同的教学内容，相同的教学设计活动（如小组合作）所呈现的教学经验是不尽相同的，但遵循的基本原理应是相同的，可以借助不同教师相同或相类似的教学切片，进行教学经验的横向比较，提取不同教师的教学智慧，实现教学经验的显性化、理性化，也即概念化。

2. 对同一教师的教学经验进行纵向提炼、归纳，使个人经验优化与公共化

教学经验的特征之一是教师对同一类问题的"一贯做法"。可以选取同一教师在不同课堂上的相同教学设计活动的教学切片，比如同一教师在多节课中的小组合作学习活动教学片断，进行多节课相同教学设计切片的纵向比较、分析，提取教师对这一类问题的"一贯做法"，以获取教师相对稳定的优秀教学经验。

第二节　课例研究视角下的课堂教学切片诊断

20世纪中后期，随着对教师专业化研究的深入，人们逐渐认识到

课例研究是教师专业成长的推进器。课例研究之所以兴起，是因为人们认识到："单纯从理论研修入手的教师培训效果并不明显，立足于教学实践的教师现场观摩研修是促进教师专业持续发展，并将理论融入实践的必要途径。"① 课例是教师教学经验的载体，课例研究何以能促进教师专业成长，对此最具代表性的观点是波斯纳的"经验说"。他总结了一个教师成长的公式："经验+反思=成长"。他指出："不经历反思的经验是狭隘的经验，最多只能产生浅表的知识，不经历反思的经验也不能促成教师实现良好的发展。"② 课例是经验的载体，承载着教师的教学经验，借助课例中的经验才能真正实现"经验+反思=成长"。波斯纳重视经验在教师专业成长中的作用，实用主义者杜威非常重视经验的价值，他认为社会的发展靠的是经验而不是形而上的理论。"一盎司经验之所以胜过一吨理论，是因为只有在经验中，理论才具有充满活力和可以证实的意义。"③

众多研究表明，教师的专业发展依靠的是教学经验的优化而不是纯粹的"理论"学习。课例之所以能促进教师的专业成长，关键是因为课例中的教学经验能促使上课者与观课者经验的整合与优化。本书拟从实用主义哲学关于经验的解读来理解教学经验的本质，透视课例与经验的关系、课例研究的现状及变革策略，以提升课例研究的有效性。

一 教学经验与课例的关系

从教师教的角度来看，课例研究是研究教师教学行为的优、劣，而教学行为的发生则受教师教学经验的支配。因此，课例是教学经验

---

① 孙春福：《课例研究：教师专业成长的有效推进器》，《江苏教育研究》2016年第6A期。
② 孙春福：《课例研究：教师专业成长的有效推进器》，《江苏教育研究》2016年第6A期。
③ [美]杜威：《民主主义与教育》，王承绪译，人民教育出版社2014年版，第158页。

发生与呈现的载体,课例研究的本质是对教师教学经验的研究。

(一) 教学经验是教师在课例实践中逐渐形成的

教学经验是如何形成的呢？杜威举过一个生动的关于医生经验形成的例子,说明经验的形成过程:"从所遇见的多数特殊病患中,医师学到把若干症候归为这一类。他定下一个服用药、饵的规则。这就构成我们所谓的经验。而其结果,如前例所明示的,就得到一种概括的见识和行动中的一种有组织的技能。"[1] 在医生经验形成的过程中,有两个关键因素:一是对特殊的同类医治事件的融合或归纳,二是在行动中构成一个方式或办法,这样便形成了经验。同样,教学经验是教师在教学实践中,在经历多次类似的教学活动后逐渐形成的"对某一类问题的处理办法"。比如,每节课都要有教学目标设计,教师在经过若干次教学目标设计后,才逐渐形成教学目标设计的经验或办法。总之,教学经验不是天生就有的,也不是凭空想象出来的,而是在教学实践或数次课例实践中逐渐形成的。教师教学经验是基于某类教学实践情境,长期与该类实践相互作用的结果,它是在从简单到丰富、从浅层到深度的过程中逐步累积、完善起来的。

(二) 教学经验是支配课例发生的个人知识

"杜威认为,经验从现实意义上而言,它的合理性表现为一种事关问题情境之解决的操作方法。"[2] 从现实生活来看,经验是生物个体关于某类实践活动的实践策略,在遇到相类似的实践活动时,生物体会下意识地采用该策略。那么教学经验就是教师关于某类教学实践的稳定的、习惯性的做法。这种"习惯性"或"下意识"是经过长期与实践接触后逐渐累积起来的实践智慧,是生物体对"某类"实践的认识图式,具有模式化的特征,是"一贯的做法"。"某类"与

---

[1] [美]杜威:《哲学的改造》,许崇清译,商务印书馆2011年版,第48页。
[2] 刘文祥:《杜威的经验概念研究》,博士学位论文,吉林大学,2013年。

"一贯做法"是经验发生的两个关键词,"某类"实践活动是经验发生的条件,"一贯做法"是经验的定型化特征,也即在相同情境下,生物体会有相同或类似的行为发生。比如,教学中的导入设计经验,教师一旦遇到"导入设计"这一实践情境,关于导入的经验便支配着教师开展相应的教学设计活动,经验稳定地支配着教师教学行为的发生。

综上所述,经验是人类行为发生的逻辑,而教学经验则是教师教学实践发生的基本逻辑,是课堂教学行为发生的力量。学者黄政杰在其著作中这样描述教学经验与教学实践的关系:"教学是教师个人的行动哲学,有效教学实践多基于教师的经验性知识而非专家学者的理论性知识。"[①] 这样的描述表明,教学经验是课例实践的个人理论,它支配着教师教学行为、教学实践的发生。正是因为如此,课例研究被认为是可以实现"经验+反思=专业成长"的重要抓手与路径。

(三) 课例是教学经验的载体,课例研究本质上是对教师教学经验的研究

课例是什么?课例是教师的教学实践活动,是以教学行为的方式呈现出的完整的教学实践活动。教学实践的发生或教学行为的发生是基于教师的教学经验的。用杜威的观点来看,经验是指个人用来指导生活事件的实用智慧或指导生活事件的丰富的洞察力。课例内蕴或承载了教师的教学经验,是教师教学经验的载体。

课例的优化或教学质量的提升是借助经验的优化而实现的。一个完整的课例在教学实践中所呈现的是教师教学经验的优与劣。正因为如此,课例质量的提升或教学行为的改进可以教学经验为抓手来进行,"目前支持教学行为改进的方法主要有三大类:观察与评估类方

[①] 黄政杰:《教学原理》,台北师大书苑2011年版,第60页。

法、引导与干预类方法和反思与经验学习类方法。"[①] 其中"反思与经验学习类方法"成为教学行为改进的三大类方法之一，教学经验是教学行为改进的"着力点与关键"。人们对课例的研究，本质上是对内蕴于课例中的教学经验的研究。通过对课例中所呈现的教学经验的优化，实现教师专业的成长与教学有效性的提高。总之，教学经验是课例研究的抓手与研究对象。从校本研究的角度来看，有效的课例研究，必须遵循教学经验的结构与特征，提取教学经验的基本要素，实现上课者与评课者教学经验的反思与优化。

二 教学经验在课例中的三种形态

课例，也即一节完整的课堂教学活动，是由教师根据一定的教学目标而预设的若干教学设计活动组成的。比如，常见的教学设计活动有导入设计、提问设计、小组合作设计、教学过渡语设计等。每一种教学设计，都体现着上课教师的教学经验。因此，从教学经验的角度来看，课例是由若干教师的教学经验组成的。

按照经验的成熟度及经验中"思维"的含量，杜威把经验分为三类：原初经验、反省经验和艺术化经验。随着经验中思维含量的增加，经验的价值逐渐增大，最终发展成为艺术化经验。比照杜威对经验类型的划分，课例中的教学经验也可分为三类：原初教学经验、反省教学经验和艺术化教学经验。在同一个课例中，可能存在着这三类不同的教师教学经验，与之相对应的是三类不同的教学效果。

（一）原初教学经验

原初教学经验所对应的教学实践活动往往是低效的。"原初经验是指一种包含了原始材料、原始感悟的经验认识，虽然它还没有深入

---

① 王陆、马如霞、彭玏：《基于经验学习圈的不同教师群体教学行为改进特征》，《华东师范大学学报》（教育科学版）2021年第2期。

题材的关联、因果、规律性的认识中，但它却是一切经验认识的原始地。"① 原初教学经验所包含的教师的思维含量较少，由其指导的教学实践的质量不高。以教学导入为例，如果教师没有对导入设计进行反思，也没有接受过导入原理的训练，那么他在导入活动中是由导入的原初经验支配的，这种情况下的教学实践缺乏科学性与艺术性，往往是低效的。杜威认为，原初经验没有包含思维或反思，"所谓思维或反思，就是识别我们所尝试的事和所发生的结果之间的关系……没有这种思维的因素便不可能产生有意义的经验。"② 原初经验是粗糙的、宏观的和未经提炼的。

原初教学经验是一个"大杂烩"，教师并没有反思、提取有益的要素。"它不仅包括人们做些什么，他们追求些什么，爱些什么，相信和坚持些什么，而且包括人们是怎样活动和怎样受到影响的，他们怎样操作和遭遇，他们怎样渴望和享受，以及他们观看、信仰和想象的方式——简言之，能经验的过程。"③ 要想优化原初教学经验，就必须思考因与果的关系，发现某一成功的活动与成功过程之间的关系，这样原初教学经验才会得到优化，进入反省教学经验层次。

（二）反省教学经验

反省教学经验所对应的是优化的教学实践活动。相比原初教学经验，反省教学经验包含了一定的反思成分，但仍没有达到理想的教学效果，仍需要增加思维的含量。在日常的教学生活中，反省教学经验的形成有两种情况：一是在经历了失败后，反思优化教学行为，在不断的试错中逐渐得到优化，成为反省教学经验。杜威指出："我们的一切经验，都有'试验'的一面——心理学家所谓的尝试错误法。我

---

① ［美］杜威：《民主主义与教育》，王承绪译，人民教育出版社1990年版，第154页。
② ［美］杜威：《民主主义与教育》，王承绪译，第158页。
③ 高来源：《经验：一种新的实践基础——对杜威经验理论的一种实践性解读》，《哈尔滨市委党校学报》2008年第5期。

们先做一件事，等到失败了，又做另一件事，一直尝试下去，直到偶然碰上一件事成功了，我们就采用那个方法。"① 反省教学经验还有一个形成过程，那就是教师经过多次教学行为中"技巧"的累积，教学经验得到优化与强化，这是对教学经历与生存境遇的一种体现和保留，进而形成反省教学经验。"经验是由许多特殊的自然事件，在自然的影响下，结合起来，成为这些通常如此、大体如此，但非必然如此、永远如此的东西所具有的各种形式的实现。"② 教学经验在多次的教学实践中得到积累与优化，成为高水平的反省教学经验。从教学实践效果来看，反省教学经验所对应的教学实践具有了科学的成分，是相对优秀的教学实践，但仍缺乏艺术性，实践中的教学经验与教学实践仍需提升。

（三）艺术化教学经验

经验的圆满状态是艺术化教学经验。以"艺术这个形式表现出来的经验，当我们对它予以反省思考时，解决了较多的一些曾经使哲学家们感觉苦恼的问题，而且摧毁了较之其他思想主题尤为顽强的二元论"③。在杜威的实用主义哲学里，经验只被划分为两类，即原初经验与反省经验。艺术化经验被杜威认为是高级反省经验，仍属于反省经验，但从课例即教学的本质属性来看，教学具有科学性与艺术性两个层次，具有科学性是初级层次，理想的教学实践应体现出艺术性特征，与之对应的是艺术化的教学实践，这是经验的最高层次，思维含量最高，与之相对的课例是高水平的课例，本书把它单独列出，作为教学经验的最高层次。

"所谓反思或思维，就是识别我们所尝试的事和所发生的结果之

---

① ［美］杜威：《民主主义与教育》，王承绪译，人民教育出版社1990年版，第158页。
② 高来源：《经验：一种新的实践基础——对杜威经验理论的一种实践性解读》，《哈尔滨市委党校学报》2008年第5期。
③ 高来源：《经验：一种新的实践基础——对杜威经验理论的一种实践性解读》，《哈尔滨市委党校学报》2008年第5期。

间的关系。"对于课例中教学经验的反思,无非要思考教学实践效果与教学实践活动之间的关系。教师若在课例实践后,及时反思教学活动,进行持续性的反思,养成反思的优良品质,其教学经验将会持续增加思维含量,提升经验品质,最终达成艺术化教学经验与艺术化的教学实践。

艺术化教学经验仍属于反省教学经验,是高级反省经验,随着反思在教学经验中含量的增加,经验的价值也会成比例地提高,经验的质量发生了变化。对于个人来讲,艺术化教学经验是个人的"教学智慧",一节充满教学智慧的课例则是优秀的课例。"伟大的艺术所具有的那种永垂不朽的性质就是它所具有的那种不断刷新的工具作用,以便进一步产生圆满终结的经验。"[①]

就一个课例而言,不同的教学设计活动所呈现的经验可能属于不同的层次,比如在一节课中的导入经验属于艺术化经验,但其小组合作教学经验则有可能属于原初经验,因为从没有对小组合作进行过反思。因此,教师在一个课例中这三类教学经验都会存在。对应于教学实践,则表现出优秀的成分,也有不优秀的成分。对教师本人而言,就看其能否有意识地加以反思,能否进行全面反思。

综上所述,教师的教学经验是与课例紧密结合在一起的,属于个体的、零散的、不系统的想法、做法。理想的课例研究,必须剥离课例(教学情境),避免就课说课,对教学经验进行系统化、外显化的加工,增加经验的理性成分,使其更具有普遍性,生成实践性教学理论,带动更多教师的专业化发展。教学经验支配着教学实践的发生,具有实践性的特质,能高效、迅速与直接地带动教师专业发展。若能有策略地加以推动,妥善地推广应用教学经验,不仅能改变传统理论与实践经验的脱节,也能为教学实践、教师的专业

[①] 高来源:《经验:一种新的实践基础——对杜威经验理论的一种实践性解读》,《哈尔滨市委党校学报》2008年第5期。

发展带来创新与突破。

三 课例研究中提取教学经验的程序与策略

教学经验对于教学实践质量的价值是不言而喻的,"当代教学理论一再证明,教学是建立在经验、反思基础上的智慧性实践,而非运用现成原理的技术性实践。"[1] 这便是提取教学经验的意义。学者黄政杰指出:"有效教学实践多奠基于教师的经验性知识而非专家学者的理论性知识,所以有必要看重教师的经验性知识,将教师实务性经验进行系统的整理,归纳出具有参照应用价值、切合实际教学现况需求的实用理论。"[2] 课例研究的本质是对支配课例发生的教学经验的研究,理想的课例研究,是通过对课例中教学经验的分析、提取,实现参与课例研究教师的教学经验的优化。对课例中教学经验的有意识提取,使其系统化、条理化,赋予其理性,归纳生成可操作的实践性理论,可以大面积、迅速、快捷地提升教师专业化水平。

教学经验的提取,以最有利于教师教学经验的反思与教学实践的提升为要旨。简言之,应让教师在教学实践中便于借鉴为目的。那么,面对一个课例,该如何提取教学经验呢?笔者结合十余年的课例研究实践,总结出教学经验提取的流程与步骤。

(一) 选取课例中具有重要意义的知识事件

课例表征着一次完整的教学活动,它由教师为完成教学任务而设计的若干活动组成,每一活动都内隐了教师的教学经验,比如,导入设计呈现的是导入设计经验,提问活动呈现的是提问经验,那么就一个课例而言,它包含众多层次不同的教学经验,但并非呈现于课例中的所有教学经验都值得分析,只有教学中的典型活动所呈现出的典型经验才值得分析。

---

[1] 安桂清:《课例研究》,华东师范大学出版社2020年版,第6—7页。
[2] 黄政杰:《教学原理》,台北师大书苑2011年版,第60页。

从经验的本质来看，教学经验是指教师的教学经历与过程，但从教师专业发展的影响程度而言，一般意义上的经历与过程并非有意义的教学经验，也触动不了教师教学经验的变化。"教师个体经验不是无所不包、没有选择的发展经历，它是指一些独特的、富含教育价值和教育意蕴的教师个人体验和感悟。"①

课例中最值得分析的是具有重要意义的知识事件，也即典型教学活动事件。典型教学活动事件包括两大类：一类是典型的优秀教学活动，对应的是优秀的教学经验；另一类是典型的不足教学活动，对应的是较差的教学经验。选取典型教学活动事件进行分析的原因有二：一是从教师专业化发展的角度而言，只有典型教学活动中的典型经验最有价值，它具有的思维含量最高，对于提升参与课例研究的教师的教学经验最有价值。二是典型教学活动中的典型经验最有可能影响教师的教学经验，典型教学活动本质上属于典型的案例，对于参与活动的教师而言是最有冲击力与说服力的。

1. 典型的优秀教学经验。典型的优秀教学经验是教师艺术化的教学经验，是经过长期的实践积累、反思而形成的教学经验，使优秀的教学活动呈现于案例中，对此类教学经验进行概念化，生成实践性教学原理，可以直接用于优化教师的教学经验，提升教师的教学设计能力，实现教师的专业成长。

2. 典型的不足教学经验。典型的不足教学经验在课例中所呈现的是教学行为的偏差与教学效果的不理想，或许这一典型的不足教学经验一直存在于该教师的课堂教学中，具有一定的代表性，严重影响其教学质量，因此，必须加以归纳、提炼，并进行优化，以提升教师的教学设计能力，实现教学的有效性。

为何要选出典型教学活动提取其经验呢，杜威指出："只有一连

---

① 王帅、方红：《教师个体经验价值辩证与实践突破》，《全球教育展望》2011年第4期。

串的单独运动，如在痉挛中的筋肉收缩等。这些运动简直不成东西，它们对于生活没有一点结果。"① 只有课例中的典型经验才能触动教师的反思，促使经验由原初经验向艺术化经验发展。

（二）按照经验的本质属性，剥离教学情境，思考"某一类"活动

何为经验？"特殊事件融合起来，行动构成一个方式，成为一种常规，即为经验。"② 要想提取经验，在进行课例分析时必须关注两个要素：一是某一类活动；二是该类活动的实施办法或操作策略。传统的课例研究对教学行为分析没有脱离具体的案例，没有剥离具体的教学情境，因此没有触及经验，是"就课评课"。在传统的课例分析中，评价者分析的往往是"某节课的一次做法"，没有归类意识，分析的是这节课的做法，而不是这一类活动的做法，是就课评课，教学经验被遗漏，对于上课教师而言，没有触及其教学经验，因此难以实现教学经验反思与优化。简言之，传统评课的结论不是从教者的经验，难以在今后的教学实践中加以借鉴。

"杜威认为，经验从现实意义而言，它的合理性表现为一种事关问题情境之解决的操作方法。"③ 研究者吴刚平指出，行动逻辑是指行动发生的原因机制，经验则是教师在教育教学活动中的行动逻辑。④ 从学者关于经验内涵的描述中，我们可以对教学经验进行定义，教学经验是教师对某一类教学问题的一贯处理办法。因此教学经验包括两个要素：某一类问题、解决此类问题的办法。"某一类问题"就是要去除经验的情境性，使其具有普适性，也即由个案上升到某一类教学设计问题。

每一种教学经验都是呈现于不同的课例实践中的，有其情境性，

---

① ［美］杜威：《哲学的改造》，许崇清译，商务印书馆2011年版，第52页。
② ［美］杜威：《哲学的改造》，许崇清译，第48页。
③ 刘文祥：《杜威的经验概念研究》，博士学位论文，吉林大学，2013年。
④ 吴刚平：《教师实践性知识的行动逻辑与理解转向》，《全球教育展望》2017年第7期。

但我们在分析时就要跳出该课例实践，思考一般意义上的教学设计，也即剥离其教学情境。比如，在某个课例中，教师提问非常优秀，我们在分析时，就要跳出该课例，剥离该节课的教学情境，思考教师在提问时的一贯操作策略，而不是在这节课上的做法。这就可以避免"就课说课"的弊端，而触及教学经验的第一个要素"某一类"活动，这是实现教学经验提取的关键一步。剥离教学活动的教学情境，本质上是由个案上升到一般的思维方式，是从教学实践案例过渡到教学经验的分析路径上，体现了"教学经验"的本质属性。

（三）按照教学经验的本质属性，提取课例实践中的"怎么办"

何为实践性教学理论？"它以目的或目标为始点，综合既定的条件，寻求达成既定目的或目标的最佳手段。因而在知识的陈述上是以'应该怎样'之类的建议为主体。"[1] 实践性教学理论的核心是教学活动的操作办法或处方。当教学经验被提取出来后，就成为实践性教学理论了，因此，必须提取教学经验的核心要素——"某一类活动的操作办法"。课例是由教师设计的、为达成预设目的的一系列实践活动组成的，在观察课例时，呈现给研究者最直接的经验要素便是"上课教师的做法"。当我们提取课例中的"做法"时，就是在提取教学经验的核心要素。比如，有效提问经验的提取，就是要提取提问的做法，包括问题、候答、理答等要素；小组合作经验的提取，就是要提取小组合作活动开展的操作程序等。

操作性是教学理论的内核。布鲁纳在1966年出版的《建立教学理论》一书中指出，教学理论应具备以下四个条件：第一，在教学理论中必须清楚地说明，采用何种最有效的办法，将儿童引向准备学习的状况；第二，在教学理论中必须清楚地说明，在使学生最容

---

[1] 程亮：《教育学的"实践"关怀》，博士学位论文，华东师范大学，2006年。

易学到知识的原则之下，采用何种方法组织和结构教材；第三，在教学理论中必须清楚地说明，在教学时宜采用何种最有效的程序呈现教材，方能有利于学生学习；第四，在教学理论中必须清楚地说明，在教学活动中如何使用奖惩原则，以维持学生的学习动机。[①]综合布鲁纳的意见，教学理论最为核心的是教学的组织原则，也即操作办法。而操作性恰恰是教学经验的核心要素，也是经验提取的关键内容。

综上所述，课例研究的本质是教学经验的提取，其过程如图3-1所示。

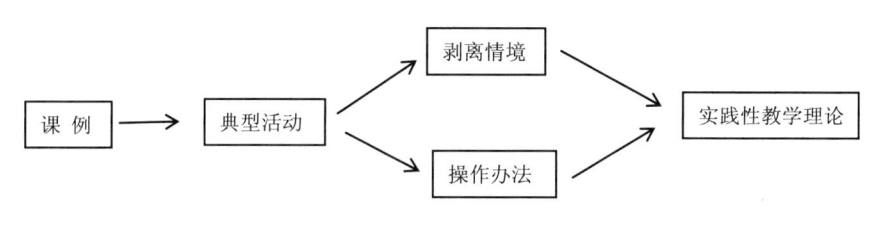

图3-1 教学经验的提取过程

教学经验提取的过程就是教学经验概念化的过程。所谓教学经验的概念化，是赋予感性教学经验以理性，是把教师的个人知识转变成公共知识的过程，同时也是把教学经验转变为实践性教学理论的过程，使其具有普适性与可操作性，成为指导教师教学实践的理论依据。

综上所述，课例在本质上是由教学经验支配而发生的教学实践活动，教学经验在课例中由三种形态的教学经验组成：原初教学经验、反省教学经验与艺术化教学经验。课例研究在本质上研究的是教师的教学经验，能促使教学经验由原初经验向艺术化经验转变的课例研究才是最有价值的。教学经验是以自然的状态支配教学实践的发生，内

[①] 黄政杰：《教学原理》，台北师大书苑2011年版，第60—61页。

隐于课例中的教学经验，属于个人的、隐性的原初经验，只有经过归纳、提炼并剥离教学情境，赋予其理性，实现教学经验的概念化，教学经验才能真正成为实践性教学理论，让更多的教师受益，这便是教学经验理性化、概念化的过程。

第三节 实践性教学理论视域下的课堂教学切片诊断

激烈的课程改革实践使得我们需要实践性教学理论。由课程改革推动的教学实践变革与发展异常迅猛，崭新的教学理念如"先学后教""合作学习""核心素养"等如雨后春笋般被提出来，这些新的教学理念只有在实践中落地，改革的价值才能实现，这就需要"实践性教学理论"在理念（论）与实践之间架起一座桥梁，以使课改理论在一所所学校、一节节课堂教学中"落地"，从而使课程改革更加理性与富有成效。

理论的本质属性既使得理论具有实践化的必要，又使理论与实践之间存在着天然的鸿沟。"形而上者谓之道，形而下者谓之器"，这句名言道出了理论（道）与实践（器）两者本质上的差异。以教学理论为例，教学理论解释的是一类教学活动的规律，而不是个别教学活动的规律，特别是国家层面的政策理念，更侧重于宏观层次的论述，其表述内容总是"抽象的、超越具体经验事实的"。然而，去除细节、情境，追求"一般"的理论，在面对丰富、个性化的各种各样的教学实践活动时，则显得有点"力不从心"，呈现出实践乏力的情形。总之，理论的本质属性表明，抽象的教学理论必须实践化，只有将其转变为实践性教学理论才可能更好地指导实践。

目前，教学理论指导教学实践的现状不容乐观。中小学教师经常接受各种各样的教学理论培训，这是理论走进中小学教学实践的重要路径之一,但是,"当他们面临各种各样真实的教学问题时,尽管也努力试图应用各种教学理论,但却发现这些理论并不能明确、清晰地指导他们的实践,解决他们所面临的问题。教学理论应用的结果并不如人所愿"[①]。综上所述,教育实践的发展需要实践性教学理论,实践性教学理论的生产具有实践的必要性。何为实践性教学理论?它具备何种特征呢?

一 实践性教学理论的基本特征

教育研究有两个重要的功能:一是解释教育教学现象,也即解释清楚"是什么"的问题,这一类理论多属于抽象性、逻辑性比较强的形而上理论;二是解决问题,也即指向"如何办",是为教育教学实践提供策略,是为改造教育实践而生成的理论。实践性教学理论属于后者,其任务不仅是认识教育事实或揭示教育规律,而且其重心在于"行动",在于对教育实践产生影响或指导。从属性来看,实践性教学理论是规范性理论,是以为教学实践制定规则为主要任务的,它强调教育理论或教育知识的实践或实用性,这类似于教育历史上赫斯特、穆尔的"实践的理论"或布雷岑卡的实践教育学或教育实践学。这类理论"关注的不是事实的概括,而是实践的处方。它以目的或目标为始点,综合既定的条件,寻求达成既定目的或目标的最佳手段,因而在知识的陈述上是以'应该怎样'之类的建议为主体的,或者说'主要由一套各种理由支持的建议组成'"[②]。

实践性教学理论是以中小学教师为理论执行的主体,所以实践性教学理论一定要考虑实践主体——中小学教师身份、角色与职业的特殊性。从理论的可理解性、可操作性及实践的特征来看,实践性教学理论应具备如下特征。

---

① 王春华:《教学设计理论有效性的缺失及改进策略》,《当代教育科学》2011年第20期。
② 程亮:《教育学的"实践"关怀》,博士学位论文,华东师范大学,2006年。

（一）实践性教学理论的"问题域"是中观、微观的教学实践问题

虽然对教育实践的内涵很难进行准确、具体的界定，但教学实践相对具体、真实的方面，就是课堂教学活动。因此，实践性教学理论论述的实践一定是真实的教学实践，是比较具体的、清晰的实践活动，是以课堂教学为基本单元的教育实践活动。课堂教学活动属于中观或微观的实践活动，它的基本流程或环节在各中小学校基本上是一样的。比如，备课、导课、师生互动与小组合作等，这些教学实践环节是任何一线教师都要面临的实践活动，如果我们的教学理论是围绕这些实践主题展开的，那么它们一定会让实践者接受、欢迎；如果理论的主题偏离这些中、微观实践形式，而论述一些所谓的宏观理论问题，定位于宏大叙事上，这或许是让一线实践者对这些理论敬而远之的主因。以"核心素养"这一理论为例，它一定要细化到学科、年级与具体的每节课的要求上，否则，它的实践效果就会大打折扣。

（二）实践性教学理论的表述结构是"功能—手段"式的，体现出实践步骤或过程

实践性教学理论与描述性、解释性教学理论迥然不同，它关注的不是事实的概括，而是实践的处方。"它以目的或目标为始点，综合既定的条件，寻求达成既定目的或目标的最佳手段。因而在知识的陈述上是以'应该怎样'之类的建议为主体。"[1] 实践性教学理论的核心结构是"功能—手段"式的。一般而言，实践性教学理论从内容结构上划分，至少应具备两个模块：一是这样做的教学意义或功能（功能）；二是如何做可以达到目的或实现其功能，也即具体、清晰的操作程序或步骤（手段）。这一结构如果缺失一个模块，则很可能难以

---

[1] 程亮：《教育学的"实践"关怀》，博士学位论文，华东师范大学，2006年。

对实践起到具体、明确的指导作用。比如这一关于情境教学理论的表述：

  在情境式教学理论中，教师采用情境式教学模式开展教学。在应用情境式教学理论的过程中，教师应当将知识与真实情境充分融合，完成的教学设计要遵循如下原则：
  1. 情境要以学生为中心；2. 情境要以知识为中心；3. 情境要以评价为中心。[①]

上述关于情境教学的理论不是"功能—手段"式的描述结构，缺乏关于情境教学理论对教学功能的描述，对一线教师的吸引力不足，最为重要的是，其描述的操作程序与步骤不明确、不具体，比如第一条原则"以学生为中心"，这一"原则要求"是当前新课程改革的重要理念，不仅情境创设要以学生为中心，其他所有的教学活动都要以学生为中心，所以这一原则基本上属于"空话"，属于空洞的说教。因此，这样的理论描述如果希望一线教师采用的话，还有一段距离。第二条原则"情境要以知识为中心"，是与第一条原则"情境要以学生为中心"相对应的，该理论是这样论述的："仅以学生为中心的情境很难及时帮助学生获得在社会上有效的必须掌握的知识和技能……要做到以知识为中心，就要明晰该知识的结构，通过知识所对应的问题寻求最优解决方案是非常有效的教学方法。"[②] 这样的解释是缺乏操作性的，比如如何明晰一节课的知识结构，数学、英语老师如何操作……而对这一最为关键的操作性解读却是缺乏的，因此这一原则仍不具备指导实践的可能。总之，上述关于"情境教学"的理论，不具备实践性理论的特征，它将很难

[①] 钱玲、喻潜安：《教学设计的理论与实践》，教育科学出版社2012年版，第89—90页。
[②] 钱玲、喻潜安：《教学设计的理论与实践》，第89—90页。

被一线实践者所采纳。

（三）实践性教学理论的表述语言，应采用一线教师能够接受、能理解的方式

在与一线教师的交流中，他们表示最不愿看专业的教育理论著作，最大的原因是"看不懂"，除了内容不易接受外，最大的障碍在于著作中有关理论的概念与表述方式不易理解。教学理论的语言表述方式是影响中小学教师对"理论"接受度的重要因素，实践性教学理论应避免生僻、怪异的所谓专业术语的运用。有学者指出："教育理论的实践化改造除了内容方面的因素外，在形式方面，语言表述是影响教育理论实践化改造的关键性要素。"[①] 用通俗化、口语化和常识化的语言表述教学理论，将是实践性教学理论的重要特征之一，也最易让一线教师接受、采纳并应用。

总之，这些都是实践性教学理论的基本特征与要求，是实现理论与实践相结合的关键。这里需要强调的是，追求实践性是所有教学理论的基本价值追求，但实践性教学理论并非教学理论的全部，即它不包括全部教学理论的知识类型，它只是教学理论的重要组成部分之一。

二 实践性教学理论的两条生成路径

杜威曾指出知识生产的两种方式：一种是对旧有知识的阐释与发展，另一种是质的改变，也即创新。"理智的发展是以两种方式发生的。有的时候，知识的增加是对旧有概念的重新组织，它们被展开、阐释和提炼，而不是那种严肃意义上的修正，更不是摒弃。有时候，知识的增加要求质的改变而非量的改变，需要一种变更而不是增加。"[②] 实

---

① 余清臣：《论教育理论的实践化改造》，《教育研究》2016年第4期。
② 杜威：《哲学复兴的需要》，《杜威全集》，王成兵、林建武译，华东师范大学出版社2012年版，第3页。

践性教学理论的生产方式正是以这样两种路径进行的：一是对原有理论的丰富、改造，也即对旧有理论的解释、阐释；二是直接创生，也即创新，直接创生出新的知识。实践性教学理论的生产是需要中介的，"可以发现，把一定的教育理论应用到教育实践的过程，离不开过渡性知识的支撑，离不开教育实践者根据具体的教育实践环境对一定教育理论的创造性改造。"[①] 实践性教学理论生产的两种路径，都以教学经验为中介，以教学经验为理论生产的内核。

（一）归纳个体教学经验创生实践性教学理论

归纳个体教学经验创生实践性教学理论，本质上是把教师的个体知识公共化、理性化。教师的个体教学经验是教师多年的实践知识，其主题往往是微观的，属于个人教学习惯或风格。由于其微观性，这类主题一般不在理论生产者的视野之内，因而该类理论主题在已有理论著作中是鲜有论及的，而这类微观主题的相关理论却是一线教师最为需要的，在实践中归纳、提炼所形成的实践性教学理论往往属于原创性教学理论。

归纳个体教学经验创生的实践性教学理论，在赫斯特看来，属于"通过实践性对话，勾勒教育实践者所持有或表述的独特的概念、术语、信念和原则，不仅有助于凸显教育实践的缄默维度，而且为对实践本身进行公开的理性批判提供了平台"[②]。通过这种方式构建的理论，赫斯特称其为"操作性教育理论"，这一概念与本书所提的实践性教学理论，从内涵与外延来看是一致的。他解释说，"操作性教育理论""就是对实践者所持有的教育概念、术语、信念和原则进行的陈述和分析"[③]。其结果便是实践性教学理论的生成，它是基于实践的，是实践者正在使用的"理论"，因而具有较强的

[①] 严万跃：《论教育理论的性质及其实践化意义》，《内蒙古师范大学学报》（教科版）2006年第7期。
[②] 程亮：《教育学的"实践"关怀》，博士学位论文，华东师范大学，2006年。
[③] 程亮：《教育学的"实践"关怀》，博士学位论文，华东师范大学，2006年。

实践性。

1. 归纳教师个体教学经验生成实践性教学理论举例

归纳教师个体教学经验生成实践性教学理论，本质上是理论的创生，是由经验直接生成理论。下面以一线教师最常采用的教学设计活动"教学目标出示"为例，呈现实践性教学理论生成的路径。教学目标呈现的是一线教师最为常见的教学设计活动，一般是一节课的开始，由教师采用不同的方式介绍本节课的教学任务，使教与学有方向，提高教与学的有效性，因此教学活动中教学目标出示的最大功能是导向功能。一般而言，教学伊始，教学目标出示应达到如下的理想效果：

一方面导向功能最佳，使教与学有目的；另一方面，作为一节课教学活动的开头，它应与整体教学活动融为一体，显得自然、恰切而不是突兀、牵强。

教师的教学经验是在教学活动中以教学行为的方式呈现的，因此归纳经验要以教学活动中教师行为的分析为载体。可以在实践中寻找典型的教学目标呈现活动，归纳、提炼支配教师教学目标呈现的典型教学经验，经过逻辑加工生成实践性教学理论。下面是笔者在课堂诊断过程中所采集的典型教学目标呈现活动片断：

【教学目标呈现典型片断一】高中历史《戊戌变法》教学目标呈现

本节课的最大优点是导入情境创设营造了变法的社会情境与氛围，教学中采用了两个做法：一是播放了《光绪王朝》主题曲"飞天"，然后让学生朗诵了一首反映戊戌变法过程的诗歌，这两个营造情境的做法使得教学氛围积极、高涨，激发了学生强烈的学习兴趣。

诗歌中最后一句是"这个秋天真的有点冷"。教师抓住这句话引出新课："感谢赵玉强同学的朗诵，让我们又回到了一百多年前那个多事之秋，我们先别进入这个多事之秋，让我们看看今天的学习目标是什么。"然后出示目标，让学生齐读目标。

在情境营造后，当大家都沉浸在变法的氛围中，期待老师揭开"多事之秋"的系列重要事件之时，教师却以出示教学目标中断了教学线索，破坏了教学氛围。在日常的教学活动中，该教学目标出示方式具有普遍性、典型性。从整节课的教学活动来看，它破坏了导入情境创设所营造的教学氛围，中断了学生的学习逻辑与思维逻辑，破坏了教学的艺术美，使教学目标出示环节孤立于教学氛围之外，显得非常突兀。

这属于教学目标出示典型不足的教学活动行为，其不足经验非常值得归纳、提炼，以使其他有类似出示方式的教师修正其行为的不足。如前所述，实践性教学理论的核心特征之一是：功能—手段式的描述结构，所谓"功能"是指论述该教学设计所能达到的教学效果；所谓"手段"，即指实现该功能的操作手段或方法。"功能—手段"——这是实践性教学理论最为核心的要素，按照"功能—手段"式的理论结构，对上述典型的"教学目标出示"活动的经验可归纳如下：

（1）教学目标出示的做法（手段）：在情境导入之后没有考虑情境创设的氛围与学习线索，集中突兀地呈现教学目标。

（2）教学目标出示的效果（功能或目的）：中断教学线索与学生学习的思维逻辑，破坏了教学氛围。

显然，这一教学目标呈现活动是教师典型的不足经验，它降低了教学的有效性，破坏了教学的艺术美。

【教学目标呈现典型片断二】小学数学"平均数"教学目标呈现

本节课在教学开始，如刚才的高中历史课一样有两个教学活动，先是情境导入，然后是教学目标出示。

教师先联系生活进行情境营造，展示了歌咏比赛中两个选手的得分情况及平均得分表，问学生从表格中发现了什么信息；又展示了中国篮球队员的合影，上面标注平均身高是2.07米，问学生如何理解这个平均身高。

在导入情境结束后，教师指出"像刚才所说的平均得分、平均身高就是今天咱们要学习的内容：平均数"。在总结后，教师以一句"你想学习平均数的什么"进入了教学任务出示环节，通过三次提问，学生分别答出我想学习"什么是平均数、平均数如何计算与平均数有何用"三个内容，而这三个内容恰恰就是本节课的核心教学任务，巧妙地实现了教学目标的出示。

这一教学目标出示，属于典型的优秀教学目标出示，它与教学情境所营造的氛围融为一体，既让学生明白本节课的教学任务，又没有破坏教学情境所营造的氛围，没有中断学生学习的思维逻辑。

按照"功能—手段"式的结构归纳出该教学目标出示的做法或经验：

（1）教学目标出示的做法（手段）：在情境创设之后出示教学目标，依据教学情境，引出教学主题。然后，教师借助情境创设素材，引导学生自述本节课的教学任务。

（2）教学目标出示的效果（功能或目的）：教学任务出示与导入所营造的教学情境融为一体，恰当、自然，没有破坏情境导入所营造的教学氛围；让学生参与课堂，调动其学习的积极性，教师是教学任务出示的组织者、引导者而不是陈述者，体现了学生的主体性与教学艺术性。

这显然是一个优秀的教学任务出示方式，它体现的是教师优秀的教学目标出示经验。

通过这两个典型的"教学任务式出示"活动片断，按照实践性教学理论"功能—手段"的结构，归纳、提炼与整合两位教师的教学经验，可以得出关于教学目标呈现的实践性教学理论。

教学目标出示的实践性教学理论

（1）教学目标出示功能（教学目标出示的理想效果）

理想的教学目标出示应达到：第一，恰当自然，不破坏情境创设的效果，体现教学的逻辑性与艺术性。第二，让学生参与问题的提出，使学习有的放矢，并且可以调动其学习积极性，体现学生的主体地位。

（2）教学目标出示手段（教学目标出示应体现功能的操作要领）

第一，如果新的教学任务适合学生陈述，尽量在教师的引导下让学生陈述本节课的教学任务（教学有法而教无定法，并非每节课的教学任务都必须由学生陈述，所以这里用了"如果"一词）。第二，如果教学任务不适合由学生提出，又要进行情境导入，那么，展示学习目标就可放在情境创设之前进行，然后是情境创设，这样可以避免目标出示破坏教学情境所营造的教学氛围。

上述理论归纳是按实践性教学理论"功能—手段"式的结构建构的，是基于一线教师的典型实践经验的归纳、提炼，是一线教师个人实践性知识的显性化、公共化，当然，它的全面性与科学性仍需要经由实践检验与完善，但有一点是肯定的，那就是它可以直接指导一线教师的教学实践，具有较强的操作性，为一线教师所喜欢与接受。

2. 归纳个体经验生成实践性教学理论的步骤与注意事项

第一，要选取典型的教学片断归纳典型经验。

教学经验是支配教师教学行为的理念，它以个体的教学行为在课堂上的呈现为表征，但并不是所有的教学经验都值得归纳。只有典型的个体经验才值得归纳、借鉴。这里典型的教学经验包括两类：一是优秀的典型经验，呈现在课堂上是优秀的教学行为；二是典型的不足经验，呈现在课堂上就是典型的教学设计失误行为。优秀的经验是教师的实践智慧，在归纳成理性的结论后可以用来指导教学实践；典型的不足经验是教师教学的失误，在归纳成理性的结论后，可以用来指导教师避免该类行为在教学中的发生，因此同样具有指导实践的价值，具有归纳的必要。

第二，实践性教学理论的归纳结构是"功能—手段"式的。

理论的结构一般包括三个方面：是什么、为什么与如何办，形而上的理论往往只回答了"是什么"与"为什么"，缺失了对"如何办"这一问题的回答。首先，实践性教学理论强调操作性，特别重视对"如何办"问题的回答，这是实践性教学理论最为典型的特征。其次，实践性教学理论还要归纳该理论指导实践后的效果，也即要告诉实践者为何要这样做，这属于理论要素中的"为什么"部分，也是典型教学实践活动所呈现出的教学效果。教师的教学经验是教师关于教学活动开展的操作性知识，是属于规则、处方类的知识，这恰恰构成了实践性教学理论的"实践"层面。

（二）归纳个体教学经验，改造抽象理论为实践性教学理论

理论具有逻辑的清晰性，但却具有实践的模糊性。理论是超越于实践的，是对各种各样类似实践活动的概括与归纳，追求自身论说的自洽性，因而缺乏实践性特别是操作性。"教育实践犹如乡间小路或林中路，其走势受制于周围的地势、环境的影响，而教育理论在逻辑的规范下却犹如高速公路，其形态并不受多样性教育实践的影响，从而能够保持自身的逻辑自洽性。"[1] 理论的这种建构路径使其往往缺乏操作性程序，这类理论在实践面前就会表现得软弱无

---

[1] 李润洲：《教育理论嵌入教育实践的知识论辨析》，《教育科学研究》2013年第5期。

力。当然，究竟何为抽象的理论，对其是很难有个准确的标准加以评判的，但毋庸置疑的是，理论领域中存在着大量"抽象"的教学理论，它们虽以教学实践的改造为对象与追求，却因缺乏实践性或操作性而被实践界所拒斥，本书所指的改造对象，就是此类缺乏操作性的理论。

1. 教学经验何以改造成抽象理论

抽象的教学理论大概有两方面的特征：一是理论往往侧重于宏观的论述，缺少微观实践操作层面的论述；二是宏观论述不完善，只论述了某一方面，但实践的发生可能是多方面的，导致理论的"抽象、片面"，与真实的实践不符。因此，以教学经验改造抽象理论可以从两方面展开：

第一，以教学经验的操作性丰富抽象理论的实践性。

第二，以微观或中观的教学经验主题完善、补充抽象理论的宏观内涵。

下面以主体性教育理论为例，说明如何通过经验归纳，丰富主体性教育理论的操作性，使其更具有实践性或操作性。

主体性教育理论是一个内涵丰富的理论"群"，它特指在教学过程中强调培养学生的创新精神和自主学习能力，发挥学生的主体性的理论，已成为21世纪基础教育改革的重要任务。纵观诸多关于主体性教育理论的论述，多侧重于对"为什么"的论述上，而关于实践层面操作性的论述却严重缺乏。主体性教育理论主要指向教学过程，或者说主体性教学理论是其理论的内核，该理论的价值最终是要由一线教师在课堂教学中实践形成的。如果脱离相对微观的教学实践，而侧重于宏观的理论描述，是很难让一线教师把其落实到教学实践中的。比如关于主体性教育理论的论述："教师在教学中要树立正确的教育观，处理师生关系、教与学的关系，用主体思想来设计教育中的全部工作，使学生主动活泼地学习和发展。"这一描述属于宏观方面的

"主体性"论述，其最大特征是抽象、宏观，缺乏实践方面的操作程序或步骤，一线实践者在实践中对其"莫衷一是"，不知如何在自己的课堂上践行主体性教育理论。

有意思的是，对于一线教师而言，虽然可能不知道何为主体性教育理论，但他们一直实践着该理论所描述的"主体性"，经常采取各种各样的、发挥"主体性"的实践做法。因此，可以通过归纳实践者的优秀经验，以完善抽象的主体性教育理论实践性不足的问题，进而完善、丰富已有的抽象理论，实现抽象理论的实践化改造。

2. 以教学经验改造抽象理论举例

在课堂教学中，教师为发挥学生主体性，调动学生参与学习的积极性，最常采用的手段是运用积分榜"打分"并"奖勤罚懒"，以学生个体或小组得分的多少来评价、激励学生参与教学活动的积极性。可以这样说，在小组合作教学中，积分榜的运用是一线教师发挥学生主体性的重要操作之一，应是主体性教育理论操作内涵的重要组成部分之一，但积分榜设计这一微观的教学实践活动并没有进入主体性教育理论研究者的视野，关于积分榜的实施处于民间经验层面，停留在实践者的操作层面。

下面以积分榜在实践中的运用为例，归纳一线教师运用积分榜的实践智慧，生成"积分榜操作理论"，以丰富、补充主体性理论的操作内核。

积分榜教学设计是一线教师在长期的教学实践活动中积累的教学经验，特别是杜郎口中学、洋思中学这些以小组合作学习为代表的学校的实践经验。它的基本操作如下：

上课前把全班分为若干个学习小组，在黑板一侧标出各个小组序号，根据各小组成员在教学活动中的表现情况进行打分，在课上或课后对各小组最终得分情况进行评价，激励先进，批评后进，最终实现全体学生积极参与教学活动的目的。积分榜这一教学设计，在实践过程中，要注意什么呢？①

【积分榜运用典型片断一】

在某初中地理课上，教师在教学活动中，采用了积分榜这一教学设计形式，其做法是：打分没有及时进行，而是在教学活动进行一段时间后，教师靠自己的记忆对参与教学活动的学生的表现进行"模糊"打分，她在打分评价学生时，被评价学生并不知情。

按照行为主义理论，激励效果发挥的最佳做法是在行为发生后要及时进行激励，以此强化积极行为。但是该教师的做法显然违背了这一要求，表明该教师不知评价、激励的及时性要求，而这一现象在现实的教学活动中十分常见。

那么，通过这一具有普遍性的典型教学活动片断，可以得出积分榜运用的原则之一：

打分要及时，不能滞后，这样可以强化学生学习的积极性。

【积分榜运用典型片断二】

在某初中数学课堂上，教师也采用积分榜来激励学生参与学习的积极性。但在观课过程中发现，他对学生参与教学活动的打分不持续，在课堂教学前半时，评分比较及时，但在课堂教学的后半时，学生在回答问题后教师并没有给予打分评价，可能是教学太投入，忘了给学生打分。这种现象也是积分榜运用中比较常见的典型不足现象，严重地影响评分的激励效果。这一积分榜运用体现出的教学经验是：教学活动中打分不彻底，会影响学生参与学习的积极性。

通过对连续多节课积分榜运用的典型片断进行诊断分析，结合实践中的一些做法，可归纳生成如下关于"积分榜教学设计"的实践性教学理论。

---

① 案例采自郑州三所学校的课堂研究现场，在笔者的另一篇文章《论归纳性教学理论的生成——以中小学课堂教学设计理论为例》（发表于《教育研究与实验》2018年第2期）中加以引用，这里进行了适当的修改。

> **"积分榜"教学设计的实践性教学理论**
>
> （1）功能：理想的积分榜教学设计应实现的教学功能
>
> 　积分榜是教学活动中调动学生学习积极性，养成学生参与教学活动的意识，体现学生主体性的重要措施，在实施过程中，应注意的事项如下：
>
> （2）手段：实现上述功能，教学设计的操作要领
>
> ①评分应及时，不能滞后，激励效果最佳。
>
> ②注意评分在一节课中的持续性或一致性。

　　积分榜教学设计，显然是微观的教学设计活动，该教学设计可以实现学生参与学习的主体性，应归属于"主体性教育理论"的范畴。关于"主体性教育理论"的课堂操作层面应有各种各样的理论，积分榜教学设计理论可以作为主体性教育理论的补充与完善内容之一，以此改造"抽象、宏观"的主体性教育理论，使其具有可操作性的内涵，实现抽象理论的实践化改造。

　　总之，由教学实践经验归纳而成的教学理论，有一个最大的特点，那就是来自于实践，回归于实践，具有很强的实践性，而且其实践效果已得到教师长期教学实践的验证，这些经验按照"功能—手段"式的结构进行归纳、提炼，可以完善、补充抽象、宏观的"形而上"理论，这是抽象理论实践化的另一条重要路径。

三　实践性教学理论两条生成路径的本质与关系

　　"从哪里获得全部的推理材料和知识？对此我用一语回答，从经验，我们的一切知识都在经验里扎着根基，知识归根结底由经验而来。"[①] 在

---

① 魏宏聚：《经验、知识与智慧，教学经验的价值澄清与意义重估》，《教育理论与实践》2009年第7期。

传统的知识观中，经验是加工知识的原材料，是非理性的材料。从西方哲学对知识的演进论述来看，经验是非理性的，需要经过加工才能成为知识或理论，这一认识在知识论中一直占有较重要的位置。在两条实践性教学理论生成路径上，教学经验都起到了关键作用。

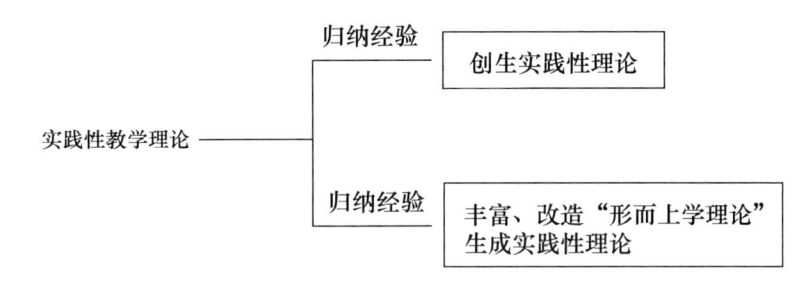

```
                    归纳经验 ┌──────────────────┐
                    ──────→ │   创生实践性理论   │
                            └──────────────────┘
实践性教学理论 ──────┤
                            ┌──────────────────┐
                    归纳经验 │ 丰富、改造"形而上学理论" │
                    ──────→ │   生成实践性理论   │
                            └──────────────────┘
```

图 3-2 实践性教学理论生成路径

第一条路径是由经验直接生成实践性理论，这一路径所生成的理论是创新性的，它是由个体知识过渡到公共知识，由于属于微观理论命题，绝大多数个体知识没有进入理论研究者的视野，因此归纳生成的教学理论往往是创新性的，是"创生"的。这一路径从知识的生产来看，是最为传统的知识生产路径，是由经验到理论或由经验到知识。

第二条路径是由经验所生成的理论补充、完善已有的抽象理论。教学经验是属于个体的，是个人知识，当把它归纳、提炼后，就生成了公共知识，它是由个体知识转变为公共知识，然后丰富、完善已存在的宏观抽象理论，特别是完善宏观抽象理论操作层面的内涵，最终实现抽象理论到实践性理论的转换。

教育理论是一个复合的、复杂的概念，有关教育理论的分类方法也比较多，综观学者对该问题的研究，结合美国学者乔纳森的分类，根据教育理论生成的不同路径，笔者认为，大概有三种性质的理论或理论生成路径。

第一,"科学"取向的教育理论,这是以实证的方法获取的理论。

第二,演绎取向的教育理论。该理论试图从实践者的经验或"相关贡献学科"中,概括或推演出直接面向教育实践的规则。这一路径又可以分为两类:一类是理论者对实践者的经验进行演绎,另一类是由学科知识加以演绎。

第三,实践取向的教育理论。该理论生成的取向具有重返教育实践的复杂特征,关注实践者的个人知识和自主反思,从而实现从"理论的实践化"到寻求"实践中的理论"的转向。①

对照上述的理论生成解释,实践性教学理论的生成路径之一是由教学经验直接归纳生成理论,属于演绎取向的教育理论,它是由实践者的实践经验演绎而成的,本质上也是实践取向的教育理论;实践性教学理论生成的路径之二是抽象理论接受实践的丰富、完善与补充,这是典型的实践取向的教育理论。当由路径之一生成的教学理论被实践者应用时,又进入了教学理论生成的路径之二,即接受实践的检验、丰富与补充。所以,上述两条实践性教学理论生成的路径不是截然分开的,而是"先与后"的问题,是实践经验介入早与晚的问题。

综上所述,理论与实践相结合问题是一个教育学的"老大难问题",实践性教学理论的生成,或许就是一种有益的"理论与实践相结合"的探索。"我们应当直面教育理论与教育实践的知识冲突,那种简单地拒斥教育理论、推崇教育实践,或者无视教育实践、崇尚教育理论的做法,都是有失偏颇的。妥善的做法是积极寻求教育理论嵌入教育实践的有效路径。"② 上述实践性教学理论的生成路径应是一种探索理论与实践相结合的创新性思考。

---

① 乔纳森·H. 特纳:《社会学理论的结构》(上),周艳娟译,华夏出版社2001年版,第1页。

② 李润洲:《教育理论嵌入教育实践的知识论辨析》,《教育科学研究》2013年第5期。

第四节 波兰尼个人知识理论视域下教学技能诠释

从认识论角度，波兰尼的个人知识观颠覆了传统上对知识的认识，学者们视其为继笛卡尔、康德以后认识论发展史上的"第三次哥白尼式的革命"[①]。波兰尼的个人知识理论着重论述了技能世界的知识。他特别描述了支配人类的各种技能比如游泳、骑车的发生原理，他认为，这些技能在实践中存在着特殊的知识结构。"实施技能的目的是通过遵循一套规则达到的，但实施技能的人却并不知道自己这样做了。"[②] 人类社会生活中的各种技能存在着神秘性，"人类拥有巨大的心灵领域，这个领域里不仅有知识，还有礼节、法律和很多不同的技艺，人类应用、遵从、享受这些技艺，或以之谋生，但又无法以言传的方式识知它们的内容。"[③]

人类社会的各个领域一向都存在着"技能"，比如教学实践中的教学技能。就教师来说，教师不仅要具备专业知识，能解决"教什么"的问题，还要具备一定的知识传递技能，能解决"如何教"的问题。因此，专业知识与教学技能对于一个"好"教师而言同样重要。如何认识教学技能，决定着如何培训教学技能；如何认识教学技能，决定着如何观察课堂研究教学技能，因此揭示教学技能的本质属性是研究课堂，提升教学效果所要解决的首要问题。虽然关于教学技能大家早已耳熟能详，但它的神秘性仍然没有被揭开，它的发生机制仍是模糊的，关于它的概念界定就有各种各样的说法，当下对教学技能的界定与分类，存在着模糊、交叉的现象，这严重制约了教学技能

---

① 张一兵：《波兰尼与他的〈个人知识〉》，《哲学动态》1990年第5期。
② ［英］迈克尔·波兰尼：《个人知识》，许泽民译，贵州人民出版社2000年版，第73页。
③ ［英］迈克尔·波兰尼：《个人知识》，许泽民译，第73页。

的提升与训练。本书拟从波兰尼的个人知识理论出发，揭示教学技能的本质属性及适切的提升路径。

一　波兰尼个人知识观视域中教学技能的特征

波兰尼的个人知识观与认识教学技能的本质属性具有很高的适切性。他的个人知识论就是从技能生发的原理出发，着重论述了技能类的知识属性，如木匠的刀法、中医的病理诊断技能、弹钢琴的技能等。波兰尼整个知识论的核心是关于技能类活动中的缄默理性与缄默知识。下面就从波兰尼的个人知识观出发，解读教学技能的本质属性。

（一）教学技能是单一教学行为或系列行为

波兰尼在论述技能时，常常用一个词"技艺"来代替技能。何为技艺？熟练的系列行为形成了技艺，是呈现一定特点并达到一定高度的技能。由此看来，何为技能？单一的人类行为是不能形成技能的，如游泳，游泳是有技能的，但单一的划水动作不构成技能。波兰尼所论述的技能是指一系列具有一定技巧性的行为，单一的行为不是技能，更构不成技艺。类比教学技能可知，教学技能是指教学行为，但教学行为并非全是教学技能。这一观点也得到了国内外学者的认同。

澳大利亚悉尼大学的克利夫·特尼认为："基本教学技能是指在课堂教学中教师的一系列教学行为。"[1]

国内学者这样界定说："教学技能是在课堂教学中教师运用专业知识及教学理论促进学生学习的一系列教学行为方式。"[2]

比如常见的提问，一个完整的提问包括预设问题、发问、候答、提问与理答。发问行为或候答行为都不是一个完整的活动单元，不构成教学技能，而只有预设问题、发问、候答、提问与理答构成一个提

---

[1] 胡淑珍、胡清薇：《教学技能观的辨析与思考》，《课程·教材·教法》2002年第2期。
[2] 胡淑珍、胡清薇：《教学技能观的辨析与思考》，《课程·教材·教法》2002年第2期。

问活动，实现了教师的某一教学目的时，才可以称之为教学技能。

总之，国内外学者关于教学技能的定义表明，教学技能是指系列教学行为。就课堂教学来看，课堂教学是由有目的的系列教学行为构成的，这里的"系列教学行为"即为有目的的教学设计活动。

（二）教学技能是无目的的教学行为或有目的的教学行为

"教学技能，本质上是一种问题解决的能力。"[1] 能够解决问题的教学行为，一定不是单一的行为所能完成的，它是由有目的的系列教学行为所组成的。就课堂教学而言，教学活动中的系列教学行为，一定是有一定目的的，构成了一个完整的教学设计单元。这是比较符合教学的本质定义的，加涅在其著作《教学设计》中关于教学的本质是这样定义的："教学是有目的地促进学习以达成既定学习目标的活动。""有目的地安排学习条件以促进某些既定目标的达成。"从这两个定义出发，可以发现，教学技能是指教学实践活动中的技能，这是切片教学的本质。任何教学技能，皆是有目的的教学行为或教学设计活动。从这个思路出发，教学中最基本的教学技能，应是最基本的教学设计活动所体现出的技能。比如导入技能、教学结构设计技能、小组合作技能等。教学技能的目的也可以被称为教学活动的教学效果或功能，比如教学中常见的导入行为或导入技能，它的系列行为目的明确，那就是激发学生学习兴趣，引起注意力。导入是系列教学行为的组合，一般持续2—3分钟。单一的讲解行为或互动行为，没有明确的教学目的，都不足以被称为导入技能。

（三）教学技能是能观察，能操作，内涵与外延清晰的教学行为

教学技能要想被其他人学习，则技能的实施者在实施的过程中，其细节或环节一定是可以观察、可以学习的。波兰尼指出："在技能实施的过程中，细节是获得技能的工具；在运用行家绝技的过程中，

---

[1] 丁炜：《基于情境实践模式的高校新教师教学技能培养研究》，《教师教育研究》2019年第5期。

这些细节是被观察到的综合整体中的元素。"① 对于教学技能的这一特征，国内学者也是这样认为的："技能是顺利完成某种任务的行为方式。它的主要特点是由个人近乎自动化的外在动作表现出来的，具有可观察性和可操作性。"② 这一对教学技能的定义，强调了教学技能的外显化、可观察性和可操作性特征，这是理想教学技能的另一个要求。

因为教学技能是需要提升与培训的，如果所界定的教学技能具有模糊、不清晰的内涵与外延，则没有提升的价值。比如，有的学者把"课堂倾听"作为一项技能，它是教师与学生交往的一种态度，在不同的场景下，其倾听的要求不同，因此，这一所谓教学技能的内涵与外延不清晰，无法操作与借鉴学习。微格教学是最早进行教师教学技能训练的理论体系，英国微格教学工作者特罗特在选择教学技能时，"排除了学科和学校的特点，排除了地方和乡土的特殊因素，设定了适应范围较广的一般教学技能，他把教学技能的设定与学生的学习联系起来，把能够观察、能够表现、能够实行量化分析并为教师所熟悉的课堂教学行为设定为教学技能。"③ 这告诉我们教学技能的界定与分类应体现出这样的特点：能观察、能表现、能够量化分析，它是教学技能界定、分类的理论依据。

综上所述，作为中小学教师的教学技能，它应具备如下特征或要求：

1. 该活动是教学必备的或常用的教学活动，具有重要的实践意义，并为教师的经验所证实，过于特殊的教学活动，不足以被称为教学技能。

2. 有明确的教学目的或功能，具有明确的操作要求。

---

① ［英］迈克尔·波兰尼：《个人知识》，许泽民译，贵州人民出版社2000年版，第73页。
② 马凤龙：《教学能力与教学技能的区别》，《吉林教育科学·高教研究》2000年第4期。
③ 梅国君：《课堂教学技能分类研究》，《常州教育学院学报》1996年第2期。

3. 教学技能是一系列行为或活动，单一的教学行为不是教学技能。

4. 每种教学技能应有确定的内涵和外延，具体、清晰，具有外显性、易观察、易操作（模仿）的特征，只可意会不可言传的教学能力不是教学技能。

二 波兰尼技能观中的中小学教师常用教学技能分类

教学技能所具有的特征，是对教学技能进行分类的理论基础、依据。对照上述教学技能的特征、要求，目前国内外关于教学技能的界定存在不足。存在的主要问题是笼统、概括或内涵与外延不清晰，严重影响训练与提升。比如在《有效教学基本技能》一书中，克里亚科把"课的呈现、课的管理、学生进展评估"作为三类教学技能。[①]"课的呈现""课的管理""学生进展评估"显然不能作为教学技能，因为这三类教学技能太笼统、太概括，包含了不同的教学技能。比如"课的呈现"是指"讲解、实践、作业单、角色扮演以及小组讨论等"。这显然是一个教学技能群而不是单一的某个教学技能，它可以被进一步分解为更具体的教学技能，比如角色扮演技能、小组合作技能等。不同的教学技能又具有不同的特征与要求，太过笼统的教学技能无法进行有针对性的训练，也即不具有操作性。再比如国内有学者把"教学语言"作为一项技能，教学语言也被称为教学用语，是指教师进行课堂教学时所选用的语言体系。[②] 教学语言是师生交流的载体，是不同教学技能的语言工具，在不同的教学场景中，其目的或操作是不同的，因此教学语言不是技能，而是一种能力。

综观已有的关于教学技能的界定与分类，存在的突出问题有三：

[①] ［美］克里斯·克里亚科：《有效教学技能》，王为杰译，广东教育出版社2013年版，第1—3页。

[②] 刘宗南等：《微格教学概论》，天津大学出版社2011年版，第76页。

一是关于教学技能的分类不符合中小学的课堂教学实践，内涵、外延不清楚，比如把教学能力界定为教学技能；二是分类交叉、模糊，无法进行操作训练，比如，有的教学技能训练书，将课堂对话、提问、语言作为教学技能，而这三类技能是互相交叉、分不清楚的；三是教学技能不具体，概括太笼统，缺乏操作性。比如许多微格训练教材中有"讲授技能"这一界定，结合教学实践，我们会发现"讲授技能"根本不是某一个技能，而是一个教学技能群。

对教学技能的研究，其目的是认清中小学教师教学技能的发生机制与原理，进而提升教师的教学能力，实现教学有效性与教师专业发展。特别是对于教学技能的界定与分类，直接面临的问题是教学技能的提升与训练，理想的教学技能分类，必须适宜一线教师掌握，适宜教学技能的训练与提升，基于这一目的，结合教学技能的特征，最理想的教学技能分类应符合以下三个要求：

（1）符合中小学课堂教学实践，对应于相应的教学实践活动，有提升训练的必要。

（2）内涵、外延清楚，准确具体，便于聚焦、训练。

（3）属于技能范畴，是一类有目的的教学设计活动，可操作、可训练提升。

基于上述教学技能分类的要求与特征，结合中小学教学实践的本质，基于传统的中小学教师上课的基本流程，提出11项具有普适性的教学技能（见图3-3）。

这11项教学技能是按照班级授课制的教学流程分解出来的教学活动，是基于真实的教学实践分解出来的教学设计。它们有明确的教学目的与操作要求，具有清晰的内涵与外延，是教学中一个个相对独立的教学活动。通过有目的的训练它们是可以提升的教学技能，符合教学技能的本质属性。从中小学教师教学实践的必要性出发，它们具有如下特点：

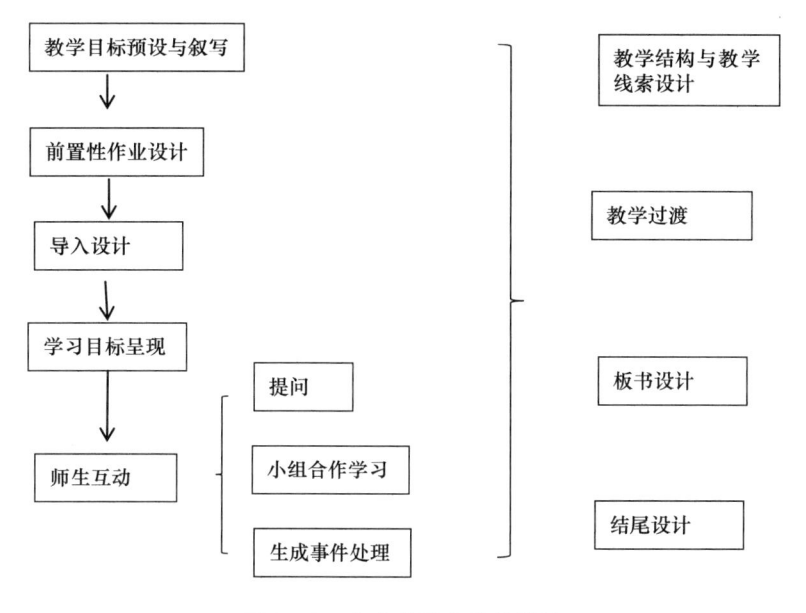

图 3-3 中小学核心教学技能

（1）系统性。从备课到教学结尾，包含了一个完整的课堂教学应包括的关键教学技能，因此具有系统性。它是上好一节课必备的教学技能，也是教师专业发展的核心内容，可以说是中小学教师核心教学技能或关键技能。

（2）公共性。这些教学技能不分学科，不分年级，是中小学课堂教学必备的教学技能，它们的操作要求或原理是一致的，因此可以被称为中小学课堂教学的公共技能。

（3）操作性。教学技能的最大特点就是具有可操作性或可学习性，这些教学技能都有明确的操作要求或原理，可以通过学习借鉴，得到提升。

三 "缄默理性"中教学技能的知识结构

波兰尼的知识理论被称为是"后批判哲学的探索"。相对于传统的知识认识论，他认为他捕捉到了长期以来为人所忽视的人类认知理性中的一个重要层面，即缄默理性。在传统的知识认识论中，知识与相应的实践是一一对应的，有什么样的知识，就会有什么样的实践。但在波兰尼的知识认识论中，支配人类社会实践的，除了显性的、可见的知识外，还存在着缄默的理性。"人的认知运转中还活跃着另一种与认知个体活动无法分离、不可言传只能意会的隐性认知功能。"[①] 除了他认为的知识具有默会性外，他还想在知识的理解中加上"热情的、个人的、人性的成分"，反对客观的知识观，提出个人知识论。虽然波兰尼的个人知识理论受到了质疑，存在一定的不足，但它开拓了知识认知的崭新领域，特别是对于人类社会实践中技能类知识的理解，具有开创先河的作用。人类社会实践中的技能是如何发生的？具有何类知识结构呢？

波兰尼把支配人类技能发生的个人知识分为两类，即显性知识与隐性知识。"实施技能的目的是通过遵循一套规则达到的，但实施技能的人却并不知道自己这样做了。"[②] 波兰尼这一关于技能发生的描述，揭示了支配教学技能发生的两类知识：显性知识与隐性知识。显性知识是在技能发生时，技能实施主体应遵循的规则或程序性知识，隐性知识是在技能发生时，连技能主体也不知道的知识。对技能的这一描述不正符合了一个关于教学实践的俗语："教学有法而教无定法。"这一俗语指出教学发生有基本规律可循，"有法"指的是教学实践的发生要遵循基本的规则；"无定法"则是指教学实践的发生仅靠显性知识是不能达到完美的，要由个人知识来支配，体现出技能类知识的隐性或个人性特征。

（一）支配教学技能发生的显性知识

教学技能是通过外显的行为动作来体现的，通过知识来调控，并

[①] 张一兵：《波兰尼与他的〈个人知识〉》，《哲学动态》1990年第5期。
[②] [英] 迈克尔·波兰尼：《个人知识》，许泽民译，贵州人民出版社2000年版，第73页。

通过一系列教学活动的变化来确证。显性知识就是教学发生的基本规则或程序类知识，它使得教学技能具有可模仿性、可训练性，是教学技能形成的前提与基础。比如，导入技能的规则、小组合作学习的规则等。支配教学技能发生的显性知识在教学领域有另一个指称，那就是不同的教学理论。当然，并非所有的教学理论都可以支配教学实践的发生而形成教学技能，这类教学理论应可以被一线教师所接受，具有操作性与实践性，而不能过于"形而上"。

"教学理论"这一类知识是实践者知而能言的知识，是支配教学技能发生的显性知识。这类显性知识具有明确的步骤、方法，具有可操作性，便于教师学习掌握。显然，从这一角度来看，教学技能是可以学会的，是新手教师走向优秀教师可以模仿实践的，因为"教学有法"。

但是，仅借助显性知识的学习、借鉴，就可以形成优秀的教学技能吗？显然不是的。因为教学实践的发生还有很多别的因素要考虑，如不同教学情境下的恰当应对，而这是教学理论所不能描述的，是由缄默理性支配的。波兰尼针对这种情况指出："一门本领的规则可以是有用的，但这些规则并不决定一门本领的实践。它们是准则，只有跟一门本领的实践知识结合起来才能作为这门本领的指导。"[①]

（二）支配教学技能发生的隐性知识

波兰尼特别强调了隐性知识比较普遍存在的领域，那就是行为知识领域。其中他特别列举了游泳、骑自行车、弹琴三类活动，教学活动是与上述三类活动相类似的实践活动，是关于教师教学行为的活动。教师教学行为活动的发生是需要知而不能言的知识支配的。"有一位著名的科学家年轻时为了生计曾教人游泳。他告诉我当他试图找出令他

---

① ［英］迈克尔·波兰尼：《个人知识》，许泽民译，贵州人民出版社2000年版，第74页。

能游泳的原因时真被弄糊涂了。无论在水里怎么弄，他总能浮起来。"① 教学技能中的隐性知识，是实践者知而不能言或不知也不能言的知识，它内隐于实践者的行为中，与显性知识一起支配着教学行为的发生。

1. 教学技能无法按其细节进行充分解释

一名优秀教师在课堂上呈现了一个精彩的教学设计活动，赢得了学生及听课教师的好评。如果课后对其进行访谈，问他这一精彩的活动是如何发生的，除了能解释清楚支配其行为发生的显性知识外，估计他很难解释清楚具体细节发生的缘由，支配细节发生的，就是难以描述的隐性知识。波兰尼列举钢琴家在弹琴中"一触"这一动作行为。"令钢琴发出一个声音可以有不同的方法，这是要随钢琴的'一触'而定，音乐家们认为这是一个十分明显的事实。"② 对于音乐家来说，这"一触"十分值钱，但要让学生学会这"一触"，却是十分困难的，因为包括音乐家在内，谁也说不清楚它的力度究竟有多大，如何触才能发出与音乐家一样的琴音呢？"所以有人争辩说，音锤击在琴弦上的效果完全取决于它击在琴弦上那一瞬间的自由运动速度。"③ 但这个速度如何掌握，却是无法描述清楚的，是需要在"勤学苦练"中领悟的。教学技能的发生同样如此，关于技能发生的显性知识是可以描述、学习的，而其中的隐性知识是不能描述的，必须通过反复实践，在实践中领悟。从这一角度来说，教学技能是不可学会的，是"教无定法"的。

2. 隐性知识的分类

人类社会中的各种各类技能，当然包括教学技能，具有不可言传性。"这就是你发现的游泳方法但又不知其靠的是以特定的方式调节

---

① ［英］迈克尔·波兰尼：《个人知识》，许泽民译，贵州人民出版社 2000 年版，第 74 页。
② ［英］迈克尔·波兰尼：《个人知识》，许泽民译，第 74—75 页。
③ ［英］迈克尔·波兰尼：《个人知识》，许泽民译，第 74—75 页。

你的呼吸的过程；这也是你发现骑车原理但又未意识到其靠的是调节瞬间的方向和速度以抵消你瞬间偶然失衡的过程。"① 正因为隐性知识的存在，教学技能无法完全复制，存在知而不能言与不知也不能言的知识。隐性知识在教学技能的发生中起着关键作用。按照波兰尼对技能类隐性知识的分类，教学技能中的隐性知识可分为三类：不知也不能言的知识、知而不能言的知识、知而能言的知识。这三类知识是支配教学技能发生的"理论"，它们在教学行为或活动中呈现出来，在实践中养成或提升。

四　教学技能形成路径中的可为与不可为

教学技能是可以学习、提升的，是"可为的"。通过对支配教学技能发生的显性知识的学习，可以提升、优化教学技能；教学技能的提升又是"不可为"的，仅靠显性知识的学习，是无法完全掌握与形成理想教学技能的，因为支配教学技能发生的还有隐性知识和缄默理性，需要学习者亲自在实践中体悟、修正，逐步形成其缄默理性，最终形成优秀教学技能。正如波兰尼所说："当科学中的言述内容在全世界数百所新型大学里成功授受的时候，科学研究中不可言传的技艺并未渗透到很多这样的大学中。"②

（一）通过学习支配教学技能发生的可操作显性知识提升了教学技能

支配教学技能发生的显性知识是存在的，是技能发生的前提与基础。教师教学技能的学习，大规模、高效率的培训学习，学习的主要是这种显性知识。这种显性知识也即教学理论，但并非所有的教学理论都要转化为教学技能，教学技能本质上是"教学问题的解决策略"。

总之，支配教师教学实践形成教学技能的显性知识，应是"解决

---

① ［英］迈克尔·波兰尼：《个人知识》，许泽民译，贵州人民出版社2000年版，第94页。
② ［英］迈克尔·波兰尼：《个人知识》，许泽民译，第79页。

某一类教学问题的策略性知识",它应具有操作性、实践性。使教师教学技能发生的显性知识的一个重要来源是对教学中教师典型教学设计活动经验的归纳、提炼。这类知识来源于教学技能、教学实践,又回归于教学实践,具有较强的针对性与操作性,是提升教师教学技能的理想知识来源。学者黄政杰在其著作《教学原理》中有这么一个观点,它告诉我们教学技能是如何发生的:

"教学乃是教学实务方面的行动哲学,有效教学实践多奠基于教师的经验性知识而非专家学者的理论性知识,所以有必要看重教师的经验性知识。"[①]

经验是人在面临某一问题情境时,解决此类问题情境的办法。结合关于经验的定义,教学经验就是完成某一教学活动的策略与对策。这类知识的特点有三:第一,它是显性的,是可以通过教学中的教学行为发生过程总结、归纳出来的;第二,它具有操作性,是解决教学问题的办法,可以借鉴学习;第三,它是具体的教学设计活动,这些活动在教学中是经常发生的,有着较强的针对性。这种经验性知识,特别是已形成了优秀教学技能的经验性知识被视为教师个人的教学理论。这种支配教学技能的经验性知识,融入了教师个人的想法、解释和价值选择,绝不是毫无组织、毫无依据的原初经验,是经过教师个体多次、多年实践检验得出的反省性经验,具有重要的教学实践价值。

总之,教师教学技能所体现出的经验性知识经过归纳提炼,是新手教师教学技能形成与优化的重要显性知识。

(二)通过师徒结对子学习教学技能中"知而不能言""不知也不能言"的隐性知识

波兰尼认为,"一种无法详细言传的技艺不能通过规定流传下去,

[①] 黄政杰:《教学原理》,台湾师大书苑2011年版,第60页。

因为这样的规定并不存在。它只能通过师傅教徒弟这样的示范方式流传下去。"①

在教学技能知识的学习中,师傅带徒弟的方式有着独特的优势。波兰尼特别指出:"这些知识都不是能单靠规则或技术规条来传授的,它们靠的是师傅教徒弟这样的方法来传授。"② 结对子促进教师专业成长是许多中小学所采用的一种教师提升方式。结对子本质上是"通过示范学习,就是投靠权威"。"在师傅的示范下通过观察和模仿,徒弟在不知不觉中学会了那种技艺的规则,包括那些连师傅本人也不外显地知道的规则。一个人要想吸收这些隐含的规则,就只能那样毫无批判地委身于另一个人进行模仿。"③ 师徒结对子,以教学活动为中介,优秀教师通过示范性课堂,把自己优秀的教学技能呈现在教学活动中,新手教师通过观察、反思,可以以潜移默化的方式理解、掌握内隐于教学行为中的隐性知识。社会实践告诉我们,"像技能一样,行家绝技也只能通过示范而不能通过技术规则来交流"④。

通过言传身教,新手教师可以学到优秀教师教学技能中隐性的知识,包括"知而不能言"与"不知也不能言"两类隐性知识。

(三)通过实践、反思,提升教学技能中"不知也不能言"的隐性知识

对于教学技能中"不知也不能言"的隐性知识,只有通过教师个体在实践中探索、感悟与反思才能逐步形成。教学技能的发生具有复杂性,对支配教学技能的知识进行分解,只是为了更好地认识与提升教学技能,但不代表掌握了这些知识就可以在教学实践活动中呈现出这样的效果。研究表明,尽管"教师的教学技能总是由可观察的、可

---

① [英]迈克尔·波兰尼:《个人知识》,许泽民译,贵州人民出版社2000年版,第78页。
② [英]迈克尔·波兰尼:《个人知识》,许泽民译,第6页。
③ [英]迈克尔·波兰尼:《个人知识》,许泽民译,第79—80页。
④ [英]迈克尔·波兰尼:《个人知识》,许泽民译,第81页。

操作的、可测量的各种外显性的行为表现构成，同时又是由教师既有的认知结构对知识的理解、对教学情境的把握、对教学行为的选择等认知活动构成的一个复杂的心理过程。"[1] 这里的"复杂的心理过程"是从心理学角度作出的判断，从波兰尼个人知识观的角度判断，这就是隐性知识。通过教学实践，学习、反思教学技能中隐性知识的原理。

1. 在实践、反思中领会隐性知识。"实践行为是一种默会的领会，完全依赖于作出这一行为的人的自我满足感。它可以被重复、被改进或被取消，但不能像一个关于事实的陈述那样被测试或被说成是真实的。"[2] 隐性知识之所以隐性，就是因为它们看不见、摸不着，只有个体在实践与反思中通过"悟""领会"，逐渐养成。

2. 在实践、反思中优化、积累隐性知识。支配教学技能发生的隐性知识，特别是"不知也不能言"的隐性知识，通过观察与言说是无法捕捉得到的。它内隐于体现教学技能的教学行为中，在主体"做"的过程中，可以"悟"到其存在，加上主体的反思、修正教学行为，可以积累、优化隐性知识，进而提升教学技能。

综上所述，教学技能虽是一个大家比较熟悉的概念，这一领域也是教师教育关注的重点，但由于对其属性认识不清，分类依据混乱，分类模糊，严重制约了对教师教学技能的提升与训练。已有的对教学技能的研究、对教学技能的分类莫衷一是，互相交叉，没有科学的共识，不利于教学技能的提升与训练。通过波兰尼的个人知识观，可以恰当地理解、认识教学技能的属性，特别是对其知识结构的科学解释，可以为教师教学技能提升提供充足的理论依据。

---

[1] 荀渊：《教师教学技能研究》，《上海教育科研》2004年第8期。
[2] ［英］迈克尔·波兰尼：《个人知识》，许泽民译，贵州人民出版社2000年版，第388页。

第四章 课堂教学切片诊断在中小学的实践

作为一种校本研究适切的研究方法，课堂教学切片诊断在中小学实践中得到了普遍的认可，其实践效果是显著的。一位一线教师在听完切片诊断专题报告后，写下了如下听课感悟："一堂课后，有这么多的思考，可见研究团队的细致与用心，也看到了整个团队的合作探究。同时了解了切片教学的意义，如果坚持按照切片诊断的理念做下去，老师们的教学能力一定能尽快地提高，切片诊断的实用性很强，立足于一线，这是基于教学实践的研究成果，真的十分受益。"一位校长在参加其学校教师展示教学切片诊断的报告会后，写下了如下感悟："虽然今天的课堂和切片展示，都有做得不到位的地方，但是我真切地感受到我们教师的成长和变化，我坚定地认为切片诊断是教研组开展有效教研的一种重要方式。"

第一节 大学与中小学合作的理性思考

课堂教学切片诊断起源于大学与中小学的合作，实践于大学与中小学的合作。2009年，笔者第一次受邀走进一所高中开展教学研究，开始尝试借助上课录像进行课堂分析，课堂教学切片诊断方法由此萌发。从2009年至今，教学切片诊断的实践基地（单独的学校、县或区）已有数十所（个），一个共同的特点是他们全是在听了切片诊断的介绍或经过实践后主动参与的。这充分说明，课堂教学切片的实践价值是确确实实存在的，对中小学校存在较大的吸引力。但是，学校采纳课堂教学切片诊断方法，仅有教学切片诊断的价值还不足以取得成效，因为大学与中小学开展合作研究的成效受多种因素的制约。

反思这些合作研究，在取得相对成功的学校，其教师专业成长显著，教研风气浓厚、有特色，全校领导、教师信心满满地持续开展课堂教学切片诊断；在成效相对差的一些学校，合作到期教学切片诊断工作就结束了。课堂教学切片诊断在中小学的实践，其成功与否所关涉的因素较多，比如行政因素、学校氛围、学校领导的认识态度等。本节将从大学与中小学合作研究的角度，对近十余年来的合作实践进行反思，思考什么样的合作才能取得成功，什么样的合作，其成效会受限。

大学与中小学合作研究是当下基础教育改革中的一个热点话题。"对教育实践的关注，是我们这个时代的教育研究的主旋律，教育研究的实践转向已经成为众多研究者的共同旨趣。"[①] 大学与中小学合作研究，本质上是教育理论与实践的结合，尝试将教育理论介入教学实践，在我国教育研究领域只是近几十年来的事。但在西方教育领域，这种转型开始得较早，"20世纪70年代以来，西方教育科学领域产生了重要的'范式转换'：开始由探究普适性的教育规律转向寻求情境化的教育意义。"[②] 教育情境发生在哪里？在哪里能找到情境化的教育意义呢？学者们认识到：只有深入中小学的课堂情境之中。于是课程与教学研究领域"返魅"了，"返魅"后的中西方课程与教育理论有一个饶有兴味的特点，那就是自觉地在教学实践中寻找课程

---

① 李政涛：《论教育实践的研究路径》，《教育科学研究》2008年第4期。
② ［日］佐藤学：《学习的快乐：走向对话》，钟启泉译，教育科学出版社2005年版，第1页。

与教学的理论智慧。近十年来，各师范院校的教育学人纷纷践行理论与实践结合之路，在实践中探寻理论，在实践中检验理论的品质，其中"大学与中小学合作"是最基本的路径与模式。

一　大学与中小学合作研究的动因考察

大学与中小学合作研究的基本动力来自于两个方面，一方面，从大学的角度来看，它是改变学院式知识生产，改变理论脱离实践的理想路径，也是知识服务社会的重要途径；另一方面，从中小学教育实践来看，教育改革激烈地进行着，在教育实践中所遇到的种种困惑，也促使实践转向与理论合作。"没有这种合作关系，大量的教育科学研究很可能是零零碎碎的、机会主义的，而教育家们也不大可能用科学知识去改善他们的实践。"[1]

（一）从历史上看，合作研究最初的动因就是教育理论介入教育实践之需

19世纪早期，教育学知识的理论研究是以德国为中心进行的，其研究方式是"学院化"的，教育研究日益与教育实践疏离。19世纪80年代中叶和90年代末，教育学知识的研究方式发生了重大转向，开始了面向实践的教育研究，开启了大学与中小学的合作研究传统。其中最先践行大学与中小学合作研究的是美国，其开展合作研究最初是出于大学生存和争取资源的需要，也即因应了理论发展的需要。

19世纪末，大批新建大学或学院间竞争激烈。为了生存，各院校纷纷开展与中小学的合作研究。"它们'争名誉、争资助，还有，最为关键的是争学生'。"[2] 在此背景下，美国进行了一系列大学与中小学的合作研究实践。比如，1894年成立"全美大学入学考试指导委

---

[1] 伍红林：《大学与中小学合作教育研究初探》，《贵州师范大学学报》（社会科学版）2009年第1期。

[2] 伍红林：《大学与中小学合作教育研究初探》，《贵州师范大学学报》（社会科学版）2009年第1期。

员会"指导高中教育教学工作；20世纪30年代，美国成立的"中学与大学关系委员会"，开展了以合作为特征的"八年研究"。

总之，早期美国的大学与中小学的合作研究，是由于大学发展的需要，特别是争取实践资源的需要，换句话说，是理论发展的需要，它促使大学教育学者走进中小学校，开展理论与实践相结合的研究。

（二）从现实来看，合作研究也是教育实践发展变革的需要

大学与中小学合作研究，也是实践发展的需要。如果说早期美国大学与中小学的合作研究是基于大学发展的需要，而后期的合作研究，则是基于社会与教育实践中所出现的问题而展开的。"二战后的五六十年代，西方社会普遍存在的严重的社会与教育问题再一次激发大学与中小学的合作研究，很多研究基地从实验室转移到了学校和教室里。"[①] 20世纪80年代，随着新一轮教育变革的到来，再加上越来越严重的社会问题的出现，合作教育研究再一次受到了关注，它因其实践性与问题解决导向而风靡世界，"如加拿大的'教育联盟'、曼尼托巴的学校改进计划；英国的'面向全体儿童的优质学校计划'等"[②]。

从我国来看，当下激烈的教育变革，促使许多教育实践单位需要借变革实现跨越式的发展，引入教育理论，有可能在学科教学、学校组织重构与制度、文化变革等方面，促进根本性的变革。越来越多的中小学校认识到，如果它们还保持过去那种各自独立的运作模式，是很难解决教师教育与学校改革中的诸多问题的，必须引入另一种力量来支持与推进变革。自20世纪90年代开始，国内出现了一批具有影响力的师范院校与中小学之间的合作研究，比如，东北师范大学的

---

① 伍红林：《大学与中小学合作教育研究初探》，《贵州师范大学学报》（社会科学版）2009年第1期。
② 伍红林：《大学与中小学合作教育研究初探》，《贵州师范大学学报》（社会科学版）2009年第1期。

"优质学校"项目;华东师范大学的"新基础教育"项目和首都师范大学的"教师发展学校"等项目,这些项目取得了较为丰硕的研究成果和值得称道的实际成效。①

大学与中小学的合作研究,是教育理论研究者介入教育实践,实现理论与实践相结合,以促进教育理论更新和教育实践变革的崭新研究形态,从理想的角度来看,"大学教育学者参与合作研究的过程,同时也是思考教育问题,解读'教育实践逻辑',创生教育理论的过程"②。

但是,综观全国一些师范院校的合作项目,成效不佳甚至合作失败的例子也不在少数,许多项目"雷声大雨点小"地终止了,在合作研究表面繁荣的背后,有一些深层次的问题需要思考,比如,为什么缺乏理论的实践者并不欢迎所谓的理论?为何有的理论研究者可以卓有成效地开展合作,而有的理论研究者则不能深入开展合作呢?是不是中小学校所有的实践问题都可以作为合作问题展开研究呢?上述问题是合作研究的根本性问题,也是合作困境产生的常见原因。

总之,大学与中小学的合作研究,并非如理想中的那般一帆风顺,挑战与机遇并存。有研究者就反思道:"现实与理想之间的道路并不平坦,我们有许多合作研究的收获,但感触更多的是合作中的困境,以及困境带给我们的思考。"③ 笔者基于自己对十余年的合作研究实践经验的反思,拟对大学与中小学合作困境的深层次问题进行探讨,以期丰富人们对于大学与中小学合作关系的理解与认识,促进合作研究走向深层次的繁荣。

---

① 王恒:《中外大学与中小学合作研究的回顾与展望》,《黑龙江高教研究》2010年第10期。

② 孙元涛、许建美:《大学与中小学合作研究:经验、问题与思考》,《教育研究与实验》2012年第3期。

③ 牛瑞雪:《行动研究为什么搁浅了——大学与中小学合作研究的困境与出路》,《课程·教材·教法》2006年第2期。

二 大学与中小学合作研究的困境

大学与中小学的合作研究，本质上是理论与实践的结合，同时也是知识生产。但这种知识生产采取的不是传统学院式那种单一的理论生产方式，而是与实践结合的知识生产方式。在这一知识的生产过程中，既要考虑大学教育学人的研究特长、研究主题、研究方式等，还必须考虑中小学微场域内的各种因素，比如权力因素、实践者的专业素质与职业信念、实践者对理论的认知程度等，任何一种因素如果处理不妥当，都会影响大学与中小学的合作研究成效甚至导致合作失败。

（一）合作抑或协作，大学与中小学合作研究的定位困境

在大学与中小学合作研究中双方合作关系的构建，反映了合作者与被合作者在合作中的地位，在实践中体现的是二者的"角色"，直接反映出合作中"谁"积极参与或被动参与的问题。从应然的角度而言，大学与中小学在合作中应是"平等"关系而非"协作"关系。

合作，是一种平等的伙伴关系。有学者指出："合作研究的所谓合作，是社会互动的一种方式，指个人或群体之间为达到某一个确定目标，彼此通过协调作用而形成的联合行动。"[①] 合作本质上是一种平等的互动方式。"合作（Collaboration）是指一个主体和另一个或若干个主体共同从事一项工作，而'协作'（Cooperation）是指一方正在帮助或愿意帮助另一方。"[②] 协作则是居高临下的协助，它是一种非平等关系，是协助与被协助、指导与被指导的关系，是居高临下的关系。协作关系虽然是大学与中小学合作最初级的关系，但不是一种持久的合作关系。国外学者维特福尔德等人把大学分为三个等级：协

[①] 孙元涛、许建美：《大学与中小学合作研究：经验、问题与思考》，《教育研究与实验》2012 年第 3 期。

[②] 王恒：《中外大学与中小学合作研究的回顾与展望》，《黑龙江高教研究》2010 年第 10 期。

同合伙、共生合伙和有机合伙,其中协同合伙就是一种协作关系,"协同合作表现为一方施予另一方接受的合作关系。"① 在"协作"关系之下,大学与中小学之间,合作目标不一致,地位与权力不平等。合作会产生如下困境:

1. 中小学实践者的合作主体地位被消费殆尽。中小学校实践者被大学教育学人牵着鼻子走,对大学教师依赖性太强。"'专家'一走,校本研究就无法继续,业已开展的改革就无法推进,学校教育教学过程中遇到的新问题则难以自主解决。"② 合作基础脆弱,合作随时会终结。

2. 中小学实践者是被动参与,合作的积极性很快会消退。"中小学教师在合作中往往处于被动地位,多是辅助专家开展研究,充当被试的角色,没有成为真正的研究者。"③ 实践者参与合作没有了积极性与动力,合作效果大打折扣。

几乎所有的大学与中小学合作研究者皆指出,"民主、平等、尊重"是大学与中小学之间关系的内核,是合作成功的基础与前提,但现实的关系却是不平等的"协作"关系,是"我们+他们"的关系,并没有真正成为"我们",合作共同体并没有真正形成,中小学教师在合作中往往处于被动地位,是辅助专家开展研究,"合作研究"中真正的"合作"消失了,成了专家单一的教育研究。

(二)民间的合作抑或政府的合作,缺失行政力量支持的合作困境

大学与中小学的合作,也是知识与权力的协调,需要权力的

---

① 滕明兰:《从"协同合伙"走向"共同发展"——大学与中小学合作问题研究》,《教育发展研究》2008 年第 22 期。
② 王凌、陈瑶:《大学与中小学合作伙伴关系的形成与发展——基于云南农村学校改革个案的分析》,《民族教育研究》2010 年第 2 期。
③ 王凌、陈瑶:《大学与中小学合作伙伴关系的形成与发展——基于云南农村学校改革个案的分析》,《民族教育研究》2010 年第 2 期。

支持。

"大学与中、小学合作，需要政府的资源、支持及监察配套，以营造有利的大环境和市场。"① 政府的参与，就是行政力量的参与。这里的行政力量指的是教育局这一层级的行政力量，无行政力量介入的合作往往是大学教育学人代表大学与中小学的"民间"合作，这类合作的双方往往有着强烈的合作意向，合作也会十分深入、有效，但是，由于缺乏教育行政部门的参与，受制度的约束，无法扩大合作对象的"面"，有效的合作模式与合作成果无法进行更广范围的推广，导致这种合作的"宽度"不足，基本上处于"民间"合作的层面，影响较小。学校又是在社会建构的环境中生存的，受各种制度、权力的限制。无行政力量介入的大学与中小学合作会遇到以下的困难。

1. 无法选择较多的合作对象。实践表明，在自愿的情况下，并非所有的中小学校都愿意合作，也并非所有的中小学校都能够开展合作。若有行政力量的介入，就可以行政的手段，确定更多的合作对象，提高合作的广度与深度。

2. 缺乏制度、政策的有力支持。合作研究的开展需要相应的政策支持，需要一定的资源如经费的保障，在没有行政力量参与的情况下，单靠一所或两所中小学校，所能提供的资源是有限的，限制了合作研究的质与量。

3. 合作活动边缘化。在没有行政力量参与的情况下，合作活动是"民间"的，不属于行政支持的范畴，往往会受到行政布署的其他研究活动的冲击，合作研究处于被边缘化的地位，合作的质与量就会受到影响。

比如影响较大的香港大学与中小学合作项目"优化教学协作计

---

① 梁一鸣：《大学与中小学合作的支持性政策与制度：以香港"优化教学协作计划"为例》，《上海教育科研》2007年第8期。

划"，是香港特别行政区政府教育统筹局在 2004 年拨款 2600 万港元，委托香港中文大学教育学院进行的一项合作研究。由教育统筹局统一规划，一开始就是由特区政府支持的，提供了经费与政策的支持，那么这个合作就有了成功的基本物质与制度保障。实践表明，该项目做得卓有成效，影响较大。但从大学与中小学合作实践来看，某一种合作之所以能得到行政力量的支持，是因为大学教育学人的成果得到了认同与支持，而这个得到"认同的成果"，又往往是需要时间来证明的，初期只能是民间合作，最后才会逐渐得到政府的认同与支持，得到行政力量的支持，因此这种缺失行政力量支持的大中小学合作困境，或许是一种大学与中小学合作处于初级阶段时的永恒困境。

（三）全员参与抑或有选择的参与，合作对象选择的困境

合作对象参与合作研究有两种方式：一是骨干教师参与；二是全员参与。基于对有效合作研究的理解，多数合作学校希望全员参与，但在合作实践中发现，在研究的初期阶段，全员参与这一做法所取得的效果并不理想，而且会影响合作的进程。多年的实践经验表明，并非所有合作学校的教师都愿意积极参与，部分教师对合作研究表现得十分漠然，参与合作的动力不强，导致合作研究陷入困境。有研究者就生发出这样的困惑："前期的理论学习，教师无论是从人数上还是参与的状态上，都表现得很好。但随着课题的不断深入，进入教师自己做研究的阶段，教师的研究热情逐渐减退，主动参与的人越来越少。"[①]

下面是笔者的一个合作案例。A 学校校长对合作研究项目考察好久，据她说，她考察了一年之久，才决定引进该项目。最初走进该校，举行集体的理论培训与引领，在全校教师群体中引起了强烈反响。学校也成立了领导与研究小组，按照规划开展研究。但在研究过

---

① 牛瑞雪：《行动研究为什么搁浅了——大学与中小学合作研究的困境与出路》，《课程·教材·教法》2006 年第 2 期。

程中发现，部分教师参与研究的态度消极，处于被动应付状态。随着研究的深入，特别是当给一线教师布置了具体的研究任务，让他们"动手"时，表现消极的老师越来越多。笔者对合作积极性不高的教师群体进行了归类，有三类教师群体参与的积极性不高。合作研究如果选择了这三类群体，将会陷入合作困境。

1. 行政力量驱使的被动参与者

这类群体业务优秀，他们参与研究不是自我需求，而是基于对领导的忠诚或权威的服从。一旦领导安排任务，他们会积极参与，高效完成；然而，一旦失去领导的监管，则消极应付，动力不足。比如，在理论培训阶段，如果学校领导参与学习，则这些教师学习"认真"；如果领导不参与，那么这些教师对学习就有应付的行为。这类群体不是理想的合作群体。

2. 专业成长积极性消退的参与者

在中小学校，还存在这么一个群体，他们的专业发展达到了一定的高度，失去了专业发展的动力。他们的日常工作只是满足学校的常规工作要求，超出这个常规之外的任何工作都不愿意承担，失去了自主发展的动力，基本意识不到自主发展的重要性。这一部分教师自主发展动力缺失是其丧失研究兴趣的根本原因，也不是理想的合作群体。

3. 对研究、理论价值认识异化的实践者

任何动力都来自于对活动目的需要的程度。在合作研究中，中小学教师参与动力不足的根本原因在于对理论价值的认识不足。在这一部分教师眼里，教学是他们的本职工作，做研究是额外的负担，对其发展的意义不大。教师对研究的异化理解，对理论价值的异化认识，使得其逐渐远离了合作研究的道路。

综上所述，在与中小学合作研究的过程中，合作之初比较适合骨干教师群体参与；在合作取得一定成效后，可以全员参与，在全员参与阶段，要注意对以上三类群体参与积极性的监控与调动。总之，与中小学开展合作研究，合作群体的选择会严重影响合作的进程与效果，不合适的合作群体将会使合作研究面临种种困难。

（四）"无所不能"到"啥也不能"，合作研究主题选择的困境

合作什么？这是关系到合作研究生命力的至关重要的问题。大学与中小学校合作研究有一个误区，即在合作选题方面，往往是"无所不能"，"只要中小学校需要，就可以提供理论服务"。比如，有的学者提出合作问题选择的"内生模式"，也即合作问题由中小学校确定，也即"内生"，只要他们需要，就可以开展合作。① 这种合作选题的确定模式，存在着"理论万能论"的假设与风险；再比如，有的理论工作者这样定位与中小学校的合作："对学校工作进行全面指导与提升，指导工作的具体内容包括：课堂教学、读书指导、课题研究、教师培训、学校文化和课堂教学模式的提炼等。"② 合作的主题包括了几乎学校教育的全部，涉及课程论、教学论、教师教育与教育文化等学科领域，这种"无所不能"的合作研究，其发展轨迹往往是这样的：在理论刚刚介入实践时，实践工作者凭着一时的新奇，合作会有效开展，再加上合作内容几乎涵盖了全部教育实践，会有个别项目取得成效。但其持久性不足，随着合作的进行，多数项目的合作会因成效不足而停滞，从而导致整个合作研究成效不佳，最终的结果是"啥也不能"。从理论研究的角度来看，"无所不能"的合作存在着以下悖论或假设：

教育理论是万能的，可以解决教育实践中的任何问题；教育理论工作者是万能的，可以对教育实践中的任何问题进行研究。

1. 教育理论不是万能的，不能解决所有的实践问题

"什么问题都能进行合作研究"的理论工作者认为，只要拥有教

---

① 邬志辉：《学校改进的"本土化"与内生模式探索》，《教育发展研究》2010年第4期。
② 齐学红：《知识——权力视域下大学与中小学合作关系的构建》，《教育发展研究》2019年第8期。

育理论，无论何种教育理论都能走进实践，只要给实践者提供理论，就会受到实践者的欢迎。"在这种假设前提下，实践如干渴的大地需要理论人普降甘霖，实践人是迷途的羔羊，需要理论人引领走出泥潭。"[①] 在这一假设的支配下，理论工作者充满了理论的高傲，在其潜意识里，实践者急需理论来改良实践，理论工作者定会受到一线实践者的欢迎。但在合作实践中，不经选择的理论，不适切教育实践的理论，都会遇到理论面对实践乏力的困境，提供给实践者的理论并不受欢迎或被接纳，从而导致合作受阻。

2. 理论工作者也不是万能的，不是在教育教学的任何领域都是擅长的

"什么问题都能进行合作研究"的理论工作者下意识地认为，理论者是万能的，无论是对课程开发、教育管理或教学问题，都是擅长的，都可以给实践者提供有效的相关教育理论，都可以帮助实践者改进实践，但这只能是一个美丽的假设而已。实践表明，任何理论工作者或研究团队只会对某一领域有研究专长，而并非对所有教育教学实践领域都有研究专长，当所选择的合作研究问题超越于理论工作者自己的研究擅长与专长时，合作就会受阻。

"什么问题都能进行合作研究"，最后只会出现"眉毛胡子一把抓""样样通与样样都不精"的现象，合作有效性不理想的状况会逐渐显现，实践者的合作动力会逐渐消退，合作研究就会受阻直至终结。

（五）提供"为什么"抑或"如何办"的困境

大学与中小学合作研究，从理论者角度而言，本质上是教育理论工作者把理论实践化，提供实践化策略的过程。但是，教育学人善于捕捉教育现象的本质规律，因此在中小学实践中，对于发现的教育教

[①] 李政涛：《论教育实践的研究路径》，《教育科学研究》2008年第4期。

学现象，总是倾向于寻找现象背后的教育规律，有学者称其为"虫子"，寻找"虫子"的过程被称为"捉虫效应"。"它是指教育学专业研究人员在参与课堂评课时不只是指向教师教学行为中呈现的问题，而且要指向对行为背后的思想观念的剖析（捉虫）……'捉虫'过程有利于使教师获得一种真实体验，在明了原理后会产生'喔，原来是这样的感叹''喔效应'。"[1]

对教育现象的"捉虫"，本质上是寻求事物的"为什么"。"捉虫"反映了教育学人的思维方式——"研究"，善于分析教育现象背后的原理，是学术品位的体现。"来自大学的教育学者坚持一种'以学术为业'的生活方式，看重的往往是理论的完备性和逻辑的自洽性。"[2] 但是，在我们提供了"为什么"，使中小学教师在明了事理"喔"的一声感叹后，他们更需要了解"如何办"，更想知道对实践改进的策略是什么？如果不提供"怎么办"的策略性理论，一线实践者对实践的发生仍是"一头雾水"，那么他们对理论的信服度就会逐渐消退。

教育实践是真实的，合作过程是实践改进的过程，而实践的发生或改革是有程序与步骤的，因此，实践的发生需要技术层面的指导与支持，仅靠思考、理念的启发是无法指导实践的。以教学研究为例，大学教育学者在听完一节课后的评课环节，往往侧重于教师教学中教学行为意义的解读或批判，但是在意义解读或批判后的重建方面，大学教育学者则很难提出可操作性的建议，这让一线教师很是困惑："我的课究竟该如何上呢？"

有的合作研究者就明确指出："中小学教师重视更多的是理论的实用性与可行性，他们所关心的往往是'如何执行？''怎样操

---

[1] 孙元涛：《从"捉虫"效应与"喔"效应说开去——关于大学与中小学合作研究的理论分析》，《上海教育科研》2006年第12期。

[2] 孙元涛：《从"捉虫"效应与"喔"效应说开去——关于大学与中小学合作研究的理论分析》，《上海教育科研》2006年第12期。

作?'等操作性范畴内的问题。因此,教育学者的话语方式和学术思维方式常常令中小学教师体验到一种疏远感。"[1] 对此,教育学人也会感受到合作与沟通的艰难与困境,这本质上是大学教育学人提供"为什么"理论,与一线实践者需要"怎么办"——可操作性理论的矛盾。

三 大学与中小学有效合作的条件

理论介入实践是理论的价值追求,也是实践发展的需要,但并不是任何理论都可以介入实践的,也不是任何理论工作者都可以介入实践的。实践接受理论的介入,是实践改革的强劲动力,但并不是所有的实践者都愿意接受理论的介入。只有恰当的理论与适切的实践者,才可以真正实现大学与中小学的合作研究,实现互利共赢。

(一)从"协作"走向"合作",实现共同发展

毋庸置疑,当前诸多大学与中小学的合作,是处于"协作"层面,实践者处于被动状态,是"我们+他们"的合作,不是"我们"的合作,这样的合作"走不远"。大学与中小学合作,理论与实践的结合,必须基于"平等"的立场,建立真正的"合作"关系。"合作"——这是合作研究的立场与态度,它决定了大学与中小学的合作走向与成效。无论大学教育学者还是中小学实践者,都要树立"合作"的立场,要做到以下几个方面。

1. 相信合作是双方共同的需要,是双赢、共生的合作

无论理论工作者还是实践者,都应信服古德莱德所说:"大学若想培养出更好的教师,就必须将先进的中小学作为实践的场所。而学校(中小学校)若想变为模范学校,就必须不断地从大学接受新的思想和新的知识,若想使大学找到通向模范学校的道路,并使这些学校

---

[1] 孙元涛:《从"捉虫"效应与"喔"效应说开去——关于大学与中小学合作研究的理论分析》,《上海教育科研》2006年第12期。

保持其高质量，学校和教师培训院校就必须建立一种共生的关系，并结为平等的伙伴。"① 在合作上，理论者与实践者是互赢、共生的关系，而非服务与被服务的"协作"关系。

2. 树立共同的愿景，有共同的价值认同

树立共同的愿景，共同的价值认同，指的是合作双方互相认同，有共同的价值追求，并实现价值共享。大学与中小学是两个性质不同的机构，二者的工作方式、性质与目的是不一致的，存在着根本的"类"的差异，要想实现由协作到合作的转变，就必须共同努力，消除差异，需要有一种共同的价值认同，树立共同的合作愿景。从根本上看，正如吴康宁教授所言：双方要"基于价值认同的合作目的，双方均为目的，而不是视对方为工具、以自己为目的，双方为建构共同的世界、追求共同的利益而努力，而不仅仅为了谋求自己的名利或智慧"②。

总之，从"协作"到合作，理论者的立场必须转变，理论与实践应结为平等的合作伙伴，这样合作研究的质量才能提升，合作才能持久、长远。

（二）理论介入实践，必须取得相关权力的支持

理论与实践的结合，必须要有行政权力的介入，这是理论有效介入实践的必要条件。教育实践的发生是政府统筹领导的结果，中小学校直接的权力领导有两级：一是校长的权力，即学校内部的权力；二是上级教育管理部门的权力，属于合作的外部权力，理论介入实践必须得到这两级权力的支持与统筹安排。

中小学校处于微观权力场域中，从学校管理来说，我国中小学校是以校长负责制为主要管理体制，因此学校任何合作研究活动的发生，都

---

① 滕明兰：《从"协同合伙"走向"共同发展"——大学与中小学合作问题研究》，《教育发展研究》2008年第22期。

② 吴康宁：《从利益联合到文化融合：走向大学与中小学的深度合作》，《南京师大学报》（社会科学版）2010年第3期。

必须取得校长的同意与支持。"校长作为学校的总负责人，在学校各种事务的决定过程中，拥有绝对的权力。校长重视的事情一定能够调动学校的人力物力来执行。"[①] 合作学校的外部权力就是指各级教育行政部门的权力。开展合作研究的中小学校，在合作达成初步意向之后，都无一例外地要向上级教育行政部门如教育局汇报。教育局作为直管中小学校的上级行政机构，虽然学校拥有办学自主权，但开展与大学的合作研究，必须取得上级的同意。在没有得到上级支持的情况下与学校合作，合作起来困难重重。笔者在近十多年来的合作研究实践中，遇到多例这种情况，学校上下十分支持合作研究，各项前期工作都做得井井有条，但在向上级教育行政部门汇报后，由于各种因素的影响，而没有得到教育行政部门的支持，最后合作不能开展。

从全国范围来看，卓有成效的大学与中小学合作典范案例，都得到了各级权力的支持，比如国内比较有名的大学与中小学合作研究典范（2001年），首都师范大学教育科学学院教师发展学校项目，就是与北京市丰台区教委的直接合作，得到了丰台区教委的大力支持与参与；"新基础教育"研究的许多合作也是同各级政府部门的合作，这样的合作才在学校进行了实践。行政权力的参与，可以为大学与中小学的合作提供以下支持：

1. 统筹安排整个研究活动，实现"面"的有效参与。
2. 提供经费、制度与时间的显性支持。
3. 化解合作过程中所出现的各种矛盾。

争取各级权力的支持为有效合作研究的展开提供了必要的条件，权力的参与可以使合作有效、迅速，它的特点是直接，但仅有权力的支持，仍不是有效合作得以展开的全部，还需要考虑其他因素。

---

① 牛瑞雪：《行动研究为什么搁浅了——大学与中小学合作研究的困境与出路》，《课程·教材·教法》2006年第2期。

（三）信服理论的实践者是最佳的合作伙伴

从大学研究者的角度来看，能否寻找到合适的实践合作伙伴，是决定合作是否成功的关键。这里的实践者包括一线中小学教师、学校校长及学校上一级行政部门的行政管理者等。笔者在近十多年来的合作实践中的最大体会是，并非所有实践者都需要理论，也并非与所有愿意合作的实践者进行合作都可以成功。从合作伙伴的角度来看，具有如下特征的实践者才是最佳的实践合作伙伴。

1. 信服理论价值的实践者

在有的实践者心目中，理论并非有价值，实践的发生或取得成功并不一定需要理论的指引；还有的实践者对理论的价值心存误解，认为理论是大而空的虚知识，对实践的指导乏力。如果将这些不信服理论价值的实践者作为合作对象，尽管他们可能在行政力量的干预下会勉强参与合作，但在具体的合作实践中仍会招致种种困难，比如，不信服理论价值的一线教师会认为研究对自己的专业成长无益而消极参与，学校校长会认为合作研究影响了学校的正常教学秩序，给教师增加了额外的负担等而不配合合作项目的实施。

信服理论价值的实践者，一般而言，既是实践者又是实践中的研究者，他们一般具有较强的进取心，对事业尽力、努力；会从理性的角度审视实践发展中的问题，产生急迫的发展需求；相信理论可以改进实践，提高实践的品质；有一个开放的心态，乐于吸收新的教育思想营养；有创新的意识，乐于将新的理念付诸教育改革。

比如笔者和某县开展了持续五年的合作研究，在合作的五年间，培养了一大批研究型教师，学校校本研究特色鲜明，合作效果得到了全县中小学的普遍认可，也得到了教育主管部门的认可。但是，这么一个成功的合作例子，刚开始是如何找到对方的呢？回想起来，有这么一个决定性因素促成了这次合作，那就是该县有一位信服理论价值的教育局副局长。该副局长中学教师出身，业务能力强，积极上进，有强烈的专业进取心，他是在听过一次关于该研究项目的学术报告后，认为该理论直接指向教学实践，具有可操作性，随即决定引进。在合作过程中了解到，该县引进了数个高校合作项目，同时展开，取得了显著的成效，教育教学质量是邻县无法相比的。这就是理论的价值，也是信服理论价值的实践者的智慧选择。

2. 具有优秀执行力的实践领导者

大学与中小学的合作研究，需要具有优秀执行力的实践领导者来实施。

（1）实践场域的实施需要行政执行力进行实践协调、推进

协调是横向关系的调整，在合作研究过程中，相比常态的教育教学活动，理论的介入对于学校及教师而言是一种非常态的运作，"为此，中小学教师需要将自己的教学时间安排调整到与专家进校指导时间相一致的状态，即参与其中的教师要对自己的课程和教学做一系列调整……"[①] 这一变化需要有一个具有较强执行力的领导者，这样才能在学校各行政部门间进行协调运作。

推进则是纵向的实施。在常态化的中小学教育教学实践中，介入一种理论，并且要持续地实施，没有强有力的行政执行力是无法完成的。以教学改革为例，"教师要按照专家指导的要求授课，这样的课堂教学无论是从内容上还是形式上与家常课有着很大的不同，通常是需要教师付出很多努力的。"[②] 如果学校领导没有执行力，很少有教师能这样付出与配合。

（2）权力场沟通与协调，需要强有力的行政执行力

从知识社会学的角度来看，中小学校也是一个微观的权力场域。校长是学校的最高权力代表，对下有校内不同的权力部门，对上还有

---

① 齐学红：《知识——权力视域下大学与中小学合作关系的构建》，《教育发展研究》2019年第8期。
② 齐学红：《知识——权力视域下大学与中小学合作关系的构建》，《教育发展研究》2019年第8期。

县、市与区教育局，这是中小学校实践的权力关系网。中小学校要想顺利、有效地与大学开展合作研究，作为校长，必须上下协调、沟通，取得上下级的支持，这样才能顺利地开展合作研究。

（四）有生命力的合作主题是有效合作的内核

大学与中小学进行合作研究，合作研究什么呢？这是一个很关键的问题。回顾众多的大学与中小学合作案例，许多合作研究往往在热闹的开场下逐渐"虎头蛇尾"地搁浅了。合作不能持续的原因之一是合作内容没有生命力，"有生命力"的合作内容，应从研究者与实践者双重角度考察，它应具有如下特征。

1. 对于中小学校来说，具有生命力的合作主题是课程、教学与教师专业成长问题

中小学校是一个特殊的学校教育阶段，从班级教学的内容、方式与追求来看，与高等教育完全不同。课堂教学、课程建设与教师发展永远是学校发展与日常工作的主旋律，也是教育的基本要素。因此，课程建设、教学改革与教师专业发展，永远是一线教师、学校的核心工作，是他们颇为关心的实践问题，只有以这三个领域的改革作为合作研究对象，一线实践者才会"上心"，才会有参与研究的动力。"这些研究命题是他们实践中存在的问题。他们有一种无须外部强制的内在研究欲望，有一种切实解决问题的迫切愿望与期待。"[1]

回顾已有的大学与中小学合作的其他主题，如学生心理健康问题、校园或班级文化建设等问题，虽然也是实践中的重要问题，但并不是每一位中小学教师都关心的核心问题，也不是每一所学校都关心的关键问题，因此合作难以持续、持久地开展；还有一些问题是研究者预设的、"自上而下"的纯学术问题，是研究者自己关心的问题，并非中小学校关心的实践问题，这样的合作研究难以真正调动起参与

---

[1] 魏宏聚、田宝宏：《理论与实践如何结合才会有生命力——兼论大学与中小学校合作校本研究持久性的基本原则》，《教育研究与实验》2014年第2期。

的积极性，是"短命"的合作主题。

2. 对于理论工作者来说，具有生命力的合作内容是自身的研究特色与专长

理论是分领域的或是分专业的。任何理论工作者，都只擅长某一领域某一问题的研究，而不是对教育教学实践中的任何问题都擅长，换句话说，理论工作者不是万能的。对于某一位理论工作者来说，具有生命力的研究是自身的研究特色领域，超出了自身的研究范畴，就没有"发言权"，就不会有成效，注定了合作的失败。当下许多大学与中小学合作项目不理想，核心原因是合作的主题超出了理论工作者研究的领域，理论工作者是"现学现卖"，这样一来，理论对实践指导的效果就可想而知了。多年的合作实践表明，实践者对理论工作者的"理论"是异常挑剔的，如果实践者感觉到了合作理论的"无效"，那么合作就会立即终止。对于理论工作者而言，每一位教育学人都有一定的研究领域与研究特色，只有在自己最擅长的领域，才有发言权，其理论才能在实践中产生作用，否则，就不可能有"发言权"，更不可能开展卓有成效的合作。总之，超出理论工作者研究领域的实践问题，是无法取得理想的合作效果的，合作研究也不会持续。

（五）为实践提供"操作性理论"的合作才是最具有生命力的

大学与中小学合作，在本质上属于理论介入实践的活动，什么样的理论才能有效介入实践呢？参与合作的理论，最终是要让一线实践者"行动"，干预实践的发生轨迹，因此具有操作性的理论才是最具有合作生命力的。

从属性来看，实践性教育理论是规范性理论，是以为教育实践制定规则为主要任务，它强调教育理论或教育知识的实践或实用性，这类似于教育历史上赫斯特、穆尔的"实践的理论"或布雷岑卡的实践教育学或教育实践学。这类理论"关注的不是事实的概

括，而是实践的处方。它以目的或目标为始点，综合既定的条件，寻求达成既定目的或目标的最佳手段，因而在知识的陈述上是以'应该怎样'之类的建议为主体的，或者说'主要由一套各种理由支持的建议组成'"[1]。

有效介入实践的理论，即操作性的教育理论应具备如下特征。

1. 理论的问题域是中观或微观的教育教学实践问题

问题域越宏大，其描述的事实就越概括与笼统，越缺乏实践性。比如，宏大叙事的教育理论往往侧重于宏观的描述与解释，侧重于解释教育现象，或是一种猜想，没有得到验证，因此缺乏操作性。具有生命力的教育理论必须具有实践性，这是因为：

教育教学实践是相对具体、真实的，比如教学问题、教师问题、学生问题与课程问题等，这些问题不是抽象的宏观问题，而是中观或微观的问题，它们是几乎所有中小学校都面临的中观或微观实践问题。介入实践的理论，如果切中这些微观或中观问题，则具有生命力，如果超越于这些问题，偏重于宏观、抽象的理论解释，则缺乏实践的指导意义，介入实践的生命力就会大打折扣。

2. 实践性教育理论表述结构是"功能—手段"式的，体现出实践步骤或过程

介入实践的理论，其生命力的关键是"可操作化或实践性"。实践性教育理论是实践优化、运作的处方，它的结构一般包括两部分：一是该理论的实践目的、价值，也即功能；另一部分是达成该目的的手段、做法，因此其结构被称为"功能—手段"式。

总之，最有生命力的实践性教育理论，应是"功能—手段"式的，是告诉实践者"如何办"的理论，而不是侧重于解释功能的描述性理论。

---

[1] 程亮：《教育学的"实践"关怀》，博士学位论文，华东师范大学，2006年。

3. 实践性教育理论的表述语言，应采用一线教师能够接受、理解的

介入教育实践的理论，需要实践化改造，特别是语言的实践化改造。在与一线教师的交流中，他们表示他们最不愿看专业的教育理论著作，最大的原因是"看不懂"，除了内容的不易接受外，最大的障碍在于著作中有关理论的概念与表述方式不易理解。有学者指出："教育理论的实践化改造除了内容方面的因素外，在形式方面，语言表述是影响教育理论实践化改造的关键性要素。"①

综上所述，从历史与现实来看，大学与中小学合作研究早已获得了不证自明的合法地位。大学与中小学的合作，既是大学发展的需要也是中小学实践改革的需要，本质上既是理论与实践的结合，也是理论逻辑与实践逻辑的融合。有效的合作既需要实践者具有优秀的理论品质，还需要理论者具有优秀的实践品质。合作双方的定位问题，合作主题的选择，理论工作者的理论特长及实践者的实践品质，无论哪一个要素出现问题，合作都不会持续，就会出现合作困境。

第二节 "课堂教学切片诊断"服务社会的三种方式

课堂教学切片诊断是一种研究中小学课堂教学设计原理的课堂研究方法，它采用归纳的方法对教学活动进行分析，最直接的有形成果是对经验的提炼，进而形成系列教学设计的原理。课堂教学切片诊断服务社会有两种成果：一是中小学系列教学设计原理，用于培训中小学教师；二是切片诊断作为校本研究的一种方式，在学校推广实施。经过十余年的实践探索，课堂教学切片诊断已对中小学常见的核心教

---

① 余清臣：《论教育理论的实践化改造》，《教育研究》2016年第4期。

学设计主题形成了相对完善的切片分析报告，可以有效地对中小学教师进行培训。此外，作为校本研究方法，已形成相对成熟的切片诊断方法与实施模式，可以在社会上大面积地推广应用。课堂教学切片诊断，以三种方式服务社会：

（1）以提升教学技能为目的，就课堂教学核心设计主题，对教师进行集中或分散培训。

（2）实施有特色的"切片诊断"校本研究，实现学校的整体提升。这一服务方式需要与中小学校进行长期合作，一般时长为1—3年。

（3）受邀去全国各地讲学：教学切片分析方法或教学设计主题的切片分析。

【服务方式一】中小学教学中常用核心教学设计专题，以切片分析的方式，对中小学教师进行集中或分散的系统培训

经过十余年的课堂研究，已形成了中小学核心教学设计常见的十个主题的切片分析报告：

（1）导入设计。

（2）教学目标设计。

（3）目标呈现。

（4）有效提问。

（5）小组合作。

（6）教学结构与线索设计。

（7）教学过渡设计。

（8）板书设计。

（9）教学生成事件化解。

（10）结尾设计。

依照这十个主题，可以针对一所或两所学校的骨干教师进行集中的专题培训，一般时间为三天左右。也可以在一所学校进行持续培

训,一般是每周或两周培训一次,结合案例,大约需半学期的时间。

培训目标:通过培训,让一线教师掌握中小学常用的教学设计原理,提升教学的有效性,实现教师的专业成长,同时可以开展基于标准的听评课,提升听评课的专业性与质量。

这种培训与社会上其他教师培训不同,具体表现如下:

(1)培训主题系统、集中,全部围绕中小学课堂教学设计主题,从备课到结课,涵盖了中小学课堂常用的教学设计,是围绕"有效教学"进行的系列培训,这是其他培训所不具备的。

(2)这十个主题微观、实用,专业研究者很少关注此类微观主题,一线名师又讲不出这些主题的原理,因此这也是这种培训的创新亮点之一。

(3)这十个主题全部采用切片分析的方式展开,生动鲜活,并且操作性强,广受一线教师的欢迎。

表4-1为培训课程。

表4-1　　　　　　　　　培训课程

课堂教学切片诊断方法与教学核心技能提升培训课程
(中小学)

培训课程	课堂教学切片诊断:构想与操作 包含:导入设计、教学任务出示、有感情地朗诵设计
	教学目标的科学预设与达成意识培养
	课堂教学中生成事件处理策略
	有效提问切片诊断
	小组合作学习的关键问题与模式比较
	教学过渡语切片诊断
	教学结构设计与优化
	板书设计与优化
	听评课教学设计(初、高中)

研究团队已在广西、陕西和河南等地进行过数十场专题系列培训，其中河南省周口市、濮阳县，郑州巩义市、郑州市等地市部分中小学校接受过此类专题培训，反响强烈。其中在河南省濮阳县持续进行了五年的合作研究，两周开展一次研究活动，结合不同的课例，共进行了88场学术报告、专题培训。

【服务方式二】与中小学校进行长期合作，开展以课堂教学切片诊断为目的的校本教研，时长一般为1—3年。

课堂教学切片诊断是以中小学教师为主体而开发出的一种听评课方法。而听评课又是中小学最常见的校本教研活动，因此课堂教学切片诊断是比较适合中小学校采用的。常态化开展的教研活动是课堂教学切片诊断最为有效的社会服务方式，一般需要进行1—3年的合作，实践中最长的合作是与河南省濮阳县的合作，合作时间为五年。

合作目标：

（1）**基本目标**：通过切片诊断，使教师掌握课堂教学中的核心教学设计基本规律，提升教学设计能力，实现专业发展与教学有效性双提高。

（2）**高级目标**：教研组负责人能带领全体老师进行切片诊断，教研组长或优秀教师掌握切片诊断并运用切片诊断方法，改革传统听评课方式，实现教学水平大面积提升与校本教研变革。长期合作最能体现切片诊断的特色，也是实现课堂教学切片诊断价值的最佳方式。它对学校的提升是综合性的，通过切片诊断活动，参与的教师将掌握教学中的核心教学设计原理，提高教学的有效性，提高课堂分析的专业性，提升教师的自身专业素质，形成学校校本教研特色。

合作的基本模式：两周开展一次研究活动。学校把切片诊断作为常态化的教研活动开展，前期由专家引领，学习切片诊断的原理、方法及常用教学设计原理。后期以中小学优秀教师为主体，开展课例切片诊断。以两周为一个研究周期，第一周上课，第二周进行切片分析。课堂教学切片诊断具有较高的普适性，适合中小学开展。它既适合高中，也适合初中与小学。

【服务方式三】受邀去全国各地讲学，介绍、推广课堂教学切片诊断

课堂教学切片诊断，作为一种中小学比较适合的校本研究理念，逐渐走向了全国。笔者已受邀去北京、天津、陕西、安徽、山东、广西、贵州与江苏八省市讲学。每年受邀讲学百余场，广受欢迎。讲学主题为课堂教学切片诊断方法或教学设计主题切片分析。

第三节 课堂教学切片诊断实践的校本研究成果

在中小学实施的任何理论，都只有体现出"校本"特色才会持久，才会受到中小学校的欢迎。何为"校本"，就是以学校发展中的问题为研究对象，以中小学教师为实施主体，以中小学校及中小学教师的发展为价值追求。课堂教学切片诊断实践所生成的校本研究成果分为有形成果与无形成果。无形成果包括学校特色的形成、研究氛围的营造、教师的专业发展与教育教学质量的综合提升等；有形成果包括研究型教师的培养、教学切片库的建立、切片分析报告的出版或发表等。下面以切片分析报告为例，呈现课堂教学切片诊断的校本研究成果。

课堂教学切片诊断，借助切片分析报告的制作，培养研究型教师，这是教学切片诊断校本研究价值的重要体现之一。成为研究型教师是新课改的理念要求，也是中小学教师专业发展的理想目标。但是对于中小学教师而言，倡导从事研究，特别是进行学术研究，又谈何

第四章 课堂教学切片诊断在中小学的实践

容易。从本质上说,课堂教学切片诊断就是以学术研究的视角与思维,分析教学活动。同时也是让一线教师寻找教学理论、应用教学理论、学习教学理论的过程,因此,课堂教学切片诊断对教师研究素养的培养,具有极高的价值。通过课堂教学切片诊断,让一线教师生产出学术成果,也是切片诊断的价值与理想。多年来的实践表明,通过教学切片诊断,一线教师完全可以胜任学术研究,产出高质量的学术成果。

切片诊断分析报告是课堂教学切片诊断的重要校本研究成果,同时也是训练中小学教师成长为研究型教师的重要载体。切片诊断分析报告就是以学术的视角,聚焦于某一个教学设计主题进行专业的分析,分析的问题一般包括内涵、意义或现状、教学效果与实施办法,其中最为重要的是找到教学设计的实施办法。

郑州市中原区淮河路小学是笔者的合作研究基地,与该校合作开展切片诊断校本研究两年,取得了较为成功的实践效果。全校以语数为切片诊断学科,学科组又以教学设计为单位,分为若干研究小组,两周开展一次切片诊断活动。按照切片诊断的流程,先是观课,后是议课,选取切点,制作切片分析报告,修改报告,撰写教学设计文本。

淮河路小学教师们的教学设计切片分析报告是经过一次修改成形的,它充分说明了以下事实:

(1)课堂教学切片诊断能够成为中小学校发展的有力工具,它以校本研究为变革对象,促进教师专业发展、教学有效性的提升与校本研究特色的形成。

(2)课堂教学切片诊断作为一种研究教学设计的观课方法,可以对任何教学设计进行分析,形成操作性原理。

(3)课堂教学切片诊断是以中小学教师为实施主体的,具有很强的操作性与实践价值,这使得它更易产出校本研究成果。

一 小学语文课堂核心教学设计切片分析报告

课堂教学切片诊断既可以分析公共教学设计原理如提问、导入等，也可以分析学科设计原理如小语阅读策略、小数习题设计等。下面各展示小语、小数四篇由小学教师撰写的研究报告，它们是研究小组的集体智慧，也是课堂教学切片诊断的校本研究成果之一。

切片分析报告一：

品情悟理灵犀透 读文阅句文法通
——小学语文课堂教学中的阅读推进
郑州市中原区淮河路小学 毛燕 徐丽敏

《全日制义务教育语文课程标准（2011 年版）》在明确语文课程的性质时指出："语文是人类文化的重要组成部分。"语文教学不应只教语文教材，而要以课本为中心，向课外延展。崔峦教授也说过："语文教学应以教科书为主，用好教科书，紧扣文本，走进文本，与文本对话，同时又不能视教科书为主宰，应适当地推进阅读。"

我们基于课标的导向，基于语文学科的特点，基于教学中的实践活动，结合所搜集到的大量文献资料，来定义阅读推进。我们认为：在小学语文阅读教学中，充分挖掘与教材文本相关的文章和书籍，就教学中某一与阅读素材相关的主题，搜寻更多的材料推荐给学生，要求其阅读，就是"阅读推进"。在课堂教学中适时推进阅读不仅可以促使学生夯实课本知识、深化课本内容，使学生对作家作品有更深入的了解和感悟，而且可以开阔学生的阅读视野，促进其语文素养的形成。

正所谓"语文教学的外延在生活，生活的智慧在阅读"。因此，作为语文老师在课堂教学中应抓准时机进行适当的阅读推进。

（一）阅读推进的时机

我们认为，可以抓住以下三个契机。

1. 课前阅读推进

在学生学习新内容之前利用阅读推进做铺垫，使学生在已有的经验和新知识之间建立某种联系，以便尽快进入新知识的学习。这种推进的阅读内容可以是对作者的介绍，也可以是对课文背景、主要人物、主要事物相关内容的介绍，使学生获得知识基础。更重要的是，这些或生动或真实的材料能调动起学生的好奇心，激发他们学习课文的兴趣和欲望，为学习新课增加动力。所以，这类阅读活动可放在预学新课时进行。例如，在学习《生命 生命》一文前，毛老师和学生一起阅读作者杏林子的《杏林小记》这本书，见证了杏林子的欢乐与痛苦、期待与绝望、生命的大美与大爱。杏林子的不幸人生，坎坷的命运深深打动了学生的心，使学生从心里敬重这位作者，从而达到"未成曲调先有情"的效果。毛老师针对阅读的推进"胸中有丘壑"，既对学生的阅读给予了引领，又体现了老师对单元教学全局的统筹安排。

2. 随文阅读推进

在研读文本时，我们根据文本特征及学生特点，帮助学生尽可能地找到由阅读文本向课外阅读延伸的"阅读点"，以巩固文本知识，丰富文本内涵，让学生读有所依，读有所悟，读有所得。随文阅读的推进，一定要找准切入点，可以在学生认知不全时推进阅读。在教学时，当学生无法理解文本的内涵或者对文本的内涵只是"浅尝"时，教师要及时补充相关的材料。孔子有言：不愤不启，不悱不发。启发一定要瞄准学生的思考点。例如，刘老师在教学《我的伯父鲁迅先生》一课时，学生对于伯父的理解只局限于"他送我两本书让我好好读"，这是不够的。此时，教师乘机引入鲁迅为少年儿童翻译儿童文学作品的相关信息及相关作品，从而使学生理解鲁迅不仅关心他的侄女，他的心里还装着全中国的少年儿童，装着祖国的未来。这样就能让学生的理解更为广泛，更为深入，使学生心中的疑虑得到解答。

在蒋老师执教的《自己的花是让别人看的》这节课上，随文阅读的推进体现得非常充分。从文本背景资料的介绍，到《留德十年》的片段阅读，再到《维也纳生活圆舞曲》《威尼斯》《荷兰散记》的节选链接，无疑都抓住了最佳契合点进行阅读推进，这真可谓是"雨润万物""润物无声"的阅读滋养！特别是在体会德国人"人人为我，我为人人"的奇特之处时，蒋老师适时引入了季羡林先生《留德十年》这本书中的片段，这一阅读推进让学生明白了这种思想境界体现在德国人的日常生活中，是浸透于他们的灵魂深处的，使学生的情感体验变得更为丰富和细腻，思考也变得更为理性。

3. 课后阅读推进

通过课后阅读推进，让阅读向课外延伸，并及时进行反馈、交流，引导学生走向广阔的课外市场，去吸收与之相关、相近的知识，不断充实他们的大脑，优化他们的知识结构。例如，区语文教研室的陈老师在执教《冬阳童年骆驼队》一课的时候，就给学生推荐了《城南旧事》。

在课后适当地推进阅读，有利于促进学生课内外知识的衔接，调动学生学习、运用语文的积极性，并不断扩大语文学习的视野。从而开启自己的内心世界，激荡起品味人生、升华人格的内在欲望，其效果远胜于教师口干舌燥的说教。

语文老师都知道，大量阅读对学生语文素养的提升很重要。正如鲁迅先生所说："你必须如蜜蜂一样，采过许多花，这才能酿出蜜来，倘若叮在一处，所得就非常有限，枯燥了。"这句话点中了语文教学的关键——广泛阅读。在实施阅读推进的教学实践中，我们应以课标为原则，以教学目标为导向，适量推进阅读的内容。

（二）阅读推进的内容

阅读推进的时机不同，内容也就不同，具体可分为三个方面。

1. 和教材内容相关联的阅读推进

细心审视我们手中的教材，留心身边的资源，就会发现有大量与文本相关联的阅读资源。

（1）关于课文原著的阅读推进

小学语文课本中的文章都是精挑细选的，文质兼美，不乏名家名篇。我们可以引导学生从《桃花心木》中认识作家林清玄；从《穷人》中认识俄国伟大作家列夫·托尔斯泰；从《匆匆》中认识散文作家朱自清，等等。例如六年级上册的"初识鲁迅"这一单元有关鲁迅先生的文章，任老师执教的《少年闰土》一课，在学完课文后，她便将小说《故乡》中关于中年闰土的部分推荐给了学生。

学生在读完后，对中年闰土的变化以及造成他变化的原因，提出了各自的看法。有的学生讲闰土变了——变傻了，变呆了。也许，其中的复杂原因让学生难以理解。不过，老师把学生从课内带到课外，沉浸在鲁迅先生笔法细腻、思想内容深刻的文字世界里，认识了这位塑造人物形象的高手；同时，也让学生有了张扬个体的独特体验和感悟，我们的教学就落到了实处。

（2）与课文同一主题的阅读推进

作家们尽管生活的时代和国度不同，但文化背景的差异并不影响他们情感的相通。在引导学生精读课文之后，以该篇课文的主题为圆心，推进阅读不同作家的作品，让学生在阅读中展开思维碰撞，深化对主题的理解，增加语言文化的储备，营造出精彩的课堂。如刘老师在执教五年级下册《刷子李》一课时，向学生推荐了《俗世奇人》这本书，使学生对名家人物刻画的神奇笔法有了更形象的认识和理解，继而巩固了本单元"对人物描写方法"的训练。

（3）对课文留白处的阅读推进

文字是一种符号，文字的背后蕴含着丰富的内容和情感，包含了许多方面的"不确定"与"空白"，这种"留白"令人遐想。因此，在教学过程中抓住这些不被人关注的留白点展开阅读推进，引导学生深刻地感悟文本，引发共鸣，培养想象力和创造力。徐老师执教的《祖父的园子》一课，作者萧红用优美的语言向我们描述了她在园子里快乐幸福、自由自在的童年生活。在文章结尾处，萧红这样写道："我玩累了，就在房子底下找个阴凉的地方睡着了。不用枕头，不用席子，把草帽盖在脸上就睡着了。"这样开放性的一个结尾正好是让学生拓展阅读的题材。徐老师抓住这一情感留白处，在布置预学任务时安排学生"搜集萧红和祖父之间的感人故事"。课上，学生们充分交流自己找到的事例，在感动的状态下，思维和情感积极活动着，所有的积累都被激活了。这是学生在用自己的创造进一步感动自己，感动大家，让一个天真、活泼、可爱的萧红展现在我们眼前。此谓"无字处皆成妙境"也！

（4）关于课文背景的阅读推进

教材中的有些课文年代较远，如果单纯从课文出发，学生很难体会到作者的深层情感。因此，围绕文本推进阅读相关的背景资料，以扩大学生视野，帮助或辅导学生进入阅读情境，拉近读者与作者之间的距离。例如，刘老师在执教《圆明园的毁灭》一课时，适时引入了课文背景相关的文字资料和视频资料。所谓"文到深处情更浓"！学生在阅读后，对侵略者的暴行深恶痛绝，对清政府的软弱扼腕叹息，更激发了学生的民族责任感。

2. 和教材同一写法的阅读推进

《全日制义务教育语文课程标准（2011年版）》要求语文教学不仅要立足语言，还要关注语言的表达方式，使学生对文本的构思、写法形成一定的审美感受，拓宽思维的渠道，为提高学生的语文素养打下基础。阅读是为写作服务的，通过大量的阅读，学生的语言储备有了，这时就要适时向学生渗透一些基本的写作方法。在教学中，选择推荐那些和课文写作方法相类似的文本进行阅读推进，在增加语言积累的同时，强化学生的感性认识，让学生在潜移默化中学会这种写作方法。如王老师执教的《我最好的老师》一课，作者采用了一事一议的表达手法。在教学即将结束时，王老师便向学生推荐了《苏格拉底的苹果》一文，使学生深刻领悟一事一议的写作手法，为迁移性写作训练奠定了很好的基础。

赵老师在执教《鹿和狼的故事》一课时，同样也为帮助学生理解"运用具体事例说明道理"的写作方法，向其推荐了《鱼竿和鱼篓》这一文本。胸中有锦绣，文笔自生花，这样的阅读推进，就是对学生写作的一次很好的引导。

3. 和教材有对比性的阅读推进

乌申斯基说："比较是思维的基础。"在教学时，选取相关的教学资料，把内容或形式上有一定联系的读物放在一起让学生加以对比阅读，这样，文字所栖居的文本、文字中浸润的文化既不会被语文教学风干，也不会呈现出形单影只的局面。例如，刘老师带领学生学习六年级上半学期第一单元内容时，让学生对比阅读《桂林山水》《观潮》《雅鲁藏布大峡谷》，学生很轻易地就对比出这些同是描写大自然的文章，本组课文内容更多地融入了作者的联想和想象，运用比喻、拟人等修辞手法，从不同角度展示了大自然无穷的魅力，读起来遐思万里，徜徉恣肆，如同在与大自然对话。而联想和想象这种表达方法正是本单元的一个读写训练点。

总之，做好课内阅读是基础，适度引申是提升。教语文不应只教学生学习语文教材，而要以教材为中心向课外辐射，以点带面，以一篇带多篇甚至是带多本，以精讲带博读，不断开阔学生视野，有效地提升学生的阅读空间，进而扩大其知识面，增强学生的人文底蕴。

切片分析报告二：

板书，课堂因为有你而完美
——小学语文课堂板书设计的几点思考

郑州市中原区淮河路小学　李培　程洁

板书是指在课堂教学过程中，为了配合教师的教学口语，强化教学效果，以文字、符号、线条、图形、表格等向学生呈现的教学信息或传递教学信息的一种活动方式。它又被称为教师的微型教案。它既是一种静态的教学信息的总称，又是一种动态的信息呈现方式。

好的板书仿佛是映照课文内容的镜子，展示作品的"屏幕"，引人入胜的"导游图"，开启学生思路的"钥匙"，进入知识宝库的大门，是每堂课的"眼睛"，是读写结合的"桥梁"……

（一）板书在小学语文课堂上的作用

一个好的板书在课堂教学中起着非常重要的作用。

1. 集中学生的注意力

板书能集中、吸引学生的注意力，有三个方面的原因：一是板书这种直观的教学手段，能发挥视觉优势；二是板书的内容和形式本身包含着许多美的因素；三是板书的过程是引发学生思索的过程，所以容易集中学生的注意力。借助板书，学生从单一的听觉刺激转向视觉刺激，视听结合，可避免由于单调的听觉刺激所带来的疲倦和分心。

2. 理清课文思路

在阅读教学中，教师分析课文，特别是分析一些篇幅较长、情节比较复杂的课文，光靠口头讲解是不行的。小学生不是听了后面忘了前面，就是想了前面顾不上去听后面，听了一大堆，常常因理不清头绪而感到茫然。而板书正可以弥补口头语言的这种不足，它能把复杂的或者抽象的内容直观地展示在黑板上，寥寥数行，却包容全篇，提纲挈领，以简驭繁。

3. 突破重点难点

小学生抓重点、要点的能力比较弱。可是，抓不住重点、要点怎么还谈得上课堂教学质量呢？因此，在教学过程中，能否让学生抓住重点、要点就成了一个至关重要的问题。如果采用口头强调的办法"这是重点，大家要注意"，往往效果不大，因为难以在学生脑子里留下痕迹。如果在讲述的同时教师把重点内容中带有关键性的词语简明地写在黑板上，或者对重点段落进行单独板书分析，那就会取得事半功倍之效。

4. 增强学生的记忆

板书的一个重要目的是帮助学生理解教学内容，记住教学内容。板书本身所具有的直观性、概括性、条理性、启发性等特点为学生记忆提供了十分有利的条件。我们常常会发现这种情况，一篇并不算短的课文，在教师分析后，学生看看板书，读读课文，便很快就能背诵下来。

（二）当前课堂教学板书现状

1. 板书位置不合理

在进行语文课堂教学时，教师虽然也注意到了板书的重要性，有意识地发挥板书的积极作用，在课前也对板书进行了精心的设计，但对板书位置作用的认识不够，在书写时不注意板书的位置，使学生不方便观看，或不能突出板书的重要性，不能吸引学生的注意力，学生不能达到有效观看的次数，从而使板书的效果大打折扣。

2. 板书形式单一

板书可以根据不同的划分角度采取多样化的形式，要想使板书发挥最好的教学效果，就需要教师根据实际情况选择合适的板书形式。但在具体教学中，教师通常不会注意板书形式的多样性，单一的板书形式使学生感到枯燥乏味，不能发挥其补充和说明的作用，从而不能很好地服务于课堂教学。

3. 不重视学生的主体性

学生的参与性和互动性是提高学生学习兴趣的根本，如果课堂教学缺乏学生的参与性，使学生成为学习的接受者，就会让学生的学习变得被动，从而严重打击学生的学习积极性，使板书不能发挥其积极的影响作用。

4. 板书内容不够完整

在教学过程中，教师在书写板书时，由于受到黑板面积、时间等因素的限制，通常不会注意板书内容的完整性，甚至会出现零板书现象，虽然板书内容应做到简洁明了，但对于理解能力有限的小学生来说，对于概括性较强的板书的理解程度有限，从而影响了教学信息的交流，使板书不能发挥其真正的教学作用。

（三）板书的类型

1. 词语锤炼式

板书首先应该着眼于课文的关键字词。如人教版一年级第二册课文《荷叶圆圆》，教师从课题入手，抓住荷叶圆、绿的特点，在指导学生读文时，提出中心问题：有谁喜欢圆圆的、绿绿的荷叶？以问题为主线，引出小水珠把荷叶当摇篮，小蜻蜓把荷叶当停机坪，小青蛙把荷叶当歌台，小鱼儿把荷叶当凉伞（见图 4-1）。这样的板书线条流畅，字迹美观，有利于学生复述课文，进而背诵课文，可以培养学生的想象能力和语言表达能力，也可以让学生参与板书活动。

2. 画龙点睛式

在板书设计中，我们不仅可以提炼文章中的关键词作为板书内容的主体，还可以编出一些提示语来对文章内容进行概括和点拨。如五年级《桥》这篇课文，本课板书设计以桥为中心，把桥、老书记、群

荷叶圆圆

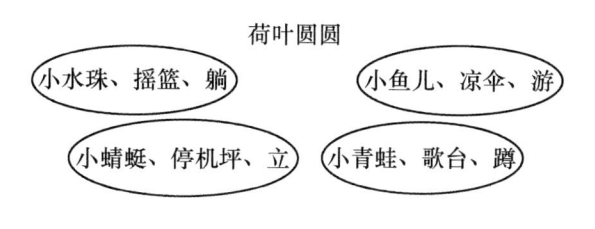

(小水珠、摇篮、躺)　　(小鱼儿、凉伞、游)

(小蜻蜓、停机坪、立)　(小青蛙、歌台、蹲)

图 4-1　《荷叶圆圆》一课的板书设计

众巧妙地、紧紧地联系在了一起，不仅很好地展示了课文内容，突出了老书记的光辉品质，而且深刻地揭示了课文题目"桥"所蕴含的意义，起到了画龙点睛的作用（见图 4-2）。

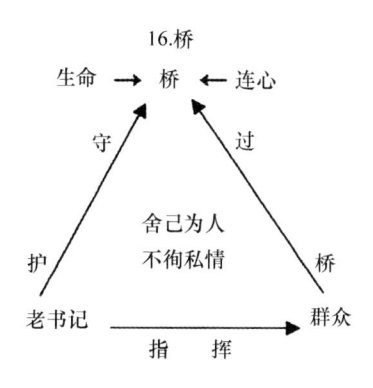

16.桥

生命　→　桥　←　连心

守　　　　　　　过

护　　舍己为人　　桥
　　　不徇私情

老书记　——指　挥——→　群众

图 4-2　《桥》一课的板书设计

3. 线条连接式

即在板书设计中借助各种线条的穿梭和连接，直观而确切地表达出文章各部分内容之间的联系。其中，线条可以表示连接、跳跃、总括、强调等多种含义，直观形象，使人一目了然，为学生理解文章内容搭桥铺路，降低了难度。

如六年级《草船借箭》一课的板书设计（见图 4-3），借助了直线、箭头等各种线条，配以精炼的文字。这样的板书设计将作战双方的故事发展的过程和结果等关系表现得机理清晰、有条不紊，从而让

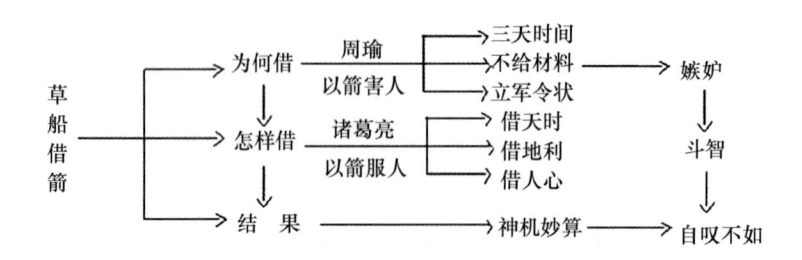

```
                          ┌→ 三天时间
            ┌→ 为何借 ─ 周瑜    ├→ 不给材料 ──→ 嫉妒
            │          以箭害人 └→ 立军令状        │
  草                    ↓                          ↓
  船  ────→ 怎样借 ─ 诸葛亮  ┌→ 借天时         斗智
  借                 以箭服人 ├→ 借地利           │
  箭         ↓              └→ 借人心           ↓
            └→ 结  果 ──────────→ 神机妙算 ──→ 自叹不如
```

图 4-3 《草船借箭》一课的板书设计

学生明了诸葛亮草船借箭成功的原因：懂天文、识地理、知人善任、神机妙算。如果不借助这些线条的连接，就不可能使板书设计成为一个有机联系的整体，就不可能包孕如此众多的信息量。

4. 课文脉络式

板书应该揭示课文的主要内容，突出课文内容的重点和关键，准确地扣住作者的思路。如二年级《风娃娃》一课的板书可以这样设计（如图4-4）：

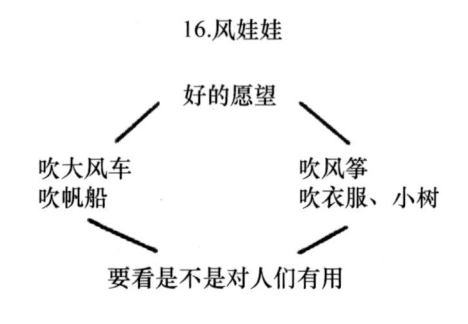

```
              16.风娃娃

                好的愿望
              ╱         ╲
        吹大风车        吹风筝
        吹帆船          吹衣服、小树
              ╲         ╱
           要看是不是对人们有用
```

图 4-4 《风娃娃》一课的板书设计

5. 简笔画图示式

遵循小学生以形象思维为主的客观规律，可以运用简笔画来进行板书。如《小蝌蚪找妈妈》一课的板书设计（见图4-5）。

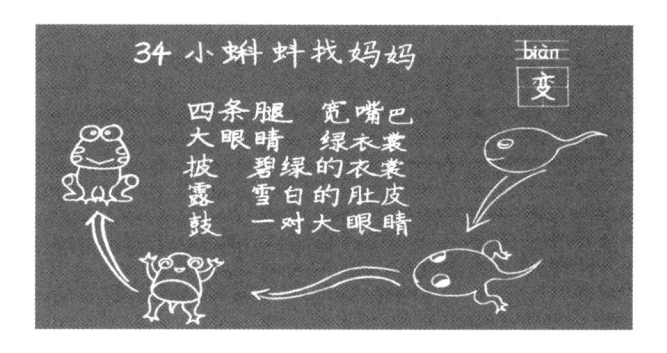

图 4-5 《小蝌蚪找妈妈》一课的板书设计

小蝌蚪是怎样变成青蛙的？这是课文理解的重点和难点。板书紧紧抓住这个关键内容，借助简笔画和文字的呈现，清晰地表现了文字叙述的内涵，使学生一目了然，起了重要的助读作用。从这幅板书设计中不难看出，如果没有简笔画的图示，而是都靠文字的表述，是不可能达到如此效果的。简笔画在直观形象地解析教材多种信息方面，确实起着重要作用。

当然，板书设计也不能拘泥于成法，一概而论，应提倡百花齐放，设计形式远不止这么几种，其他还有如启发导读式、质疑设问式、线索串联式、寓含中心式、情节展示式等。不管使用哪种方式来设计板书，都要因文而异，不必也不能生搬硬套，一切以便利于教学为前提。

（四）小学语文课堂板书的要求

1. 书写规范，有示范性

《义务教育语文课程标准（2011年版）》对小学阶段的写字有硬性要求：第一学段"努力养成良好的写字习惯，写字姿势正确，书写规范、端正、整洁"；第二学段"能使用硬笔熟练地书写正楷字，做到规范、端正、整洁，用毛笔临摹正楷字帖。写字姿势正确，有良好的书写习惯"；第三学段要达到"硬笔书写楷书，行款整齐，力求美观，有一定的速度。能用毛笔书写楷书，在书写中体会汉字的优美"。因为小学阶段语文教学的特殊性要求和小学生的向师性、模仿性等特点，教师就自然而然地成为学生学习写字的榜样，这就要求教师板书工整，必须遵循汉字的书写规律，做到书写规范、准确。教师在进行板书时，一定要一笔一笔地写，一笔一笔地画图，让学生看清楚，对一字一句，甚至标点符号都要有所推敲。

课堂板书的示范性课例基本信息——

地点：淮河路小学梦想中心

执教教师：葛老师

内容：人教版小学三年级上册《香港，璀璨的明珠》

葛老师的《香港，璀璨的明珠》课题板书指导语：请同学们和老师一起板书课题，注意"港"字的写法，"港"字的右下是一个巳蛇的"巳"。

图4-6 《香港，璀璨的明珠》一课示范性板书

由此可见，葛老师基本功非常扎实，她边板书边讲述，在写字时，强调了易错的部分，同时葛老师在板书时从笔势、笔顺到字形、字体，一笔一画都规范到位，对学生起到了很好的引领作用，潜移默化地影响着学生。

2. 语言准确，有条理性

板书要让学生看得懂，引人深思，不能由于疏忽而造成意思混乱或错误。因此，板书要用词恰当、图表规范、线条整齐。另外，各学科的教学内容都有较强的层次性、逻辑性和连贯性，所以板书也要层次分明、有条理。在课堂教学中，板书和口头讲述是同步进行的两种教学手段，而板书的优势是直观、形象、有条理、概括。要使板书发挥这种优势，就要求教师做到层次清楚、条理分明、主线清晰、枝蔓有序，用板书体现和加强讲解中语言的这些特点。

课堂板书的条理性课例基本信息——

地点：淮河路小学梦想中心

执教教师：葛老师

内容：人教版小学三年级上册《香港，璀璨的明珠》

课文内容简析：《香港，璀璨的明珠》是人教版小学三年级上册第六单元的一篇略读课文，这篇课文从多个方面介绍了香港的美丽和繁华。全文共有六个自然段。第一自然段从地理位置、贸易、商业、服务等方面简要介绍香港，第二到第五自然段分别从香港的市场、美食海洋公园和夜景具体介绍香港的繁华和美丽，第六自然段用一句话概括主题，赞颂了香港真是"我国南海之滨一颗璀璨无比的明珠"。

图4-7是葛老师《香港，璀璨的明珠》的课堂板书。

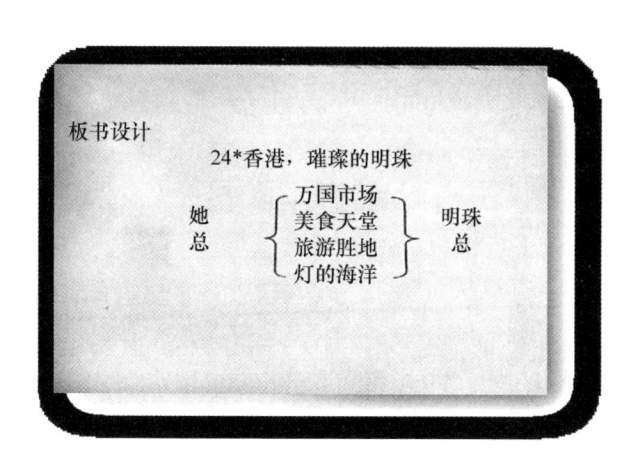

图4-7 《香港，璀璨的明珠》一课的条理性板书

葛老师设计的这一板书，将香港的主要特点概括起来，让学生一目了然，使学生对香港留下较为深刻的印象，从而激发学生热爱香港、热爱祖国的思想感情。同时板书中还渗透着写作方法的无形指导。这样的板书设计做到了板书语言的直观、形象、条理、概括。

3. 重点突出，有必要性

在教学中板书运用得好可以引导学生把握教学重点，全面系统地理解教学内容。要做到这一点，教师的板书必须重点突出、详略得当，一堂课后，通过板书就能纵观全课，了解全貌，抓住要领，给人以清晰的印象。

课堂板书的必要性课例基本信息——

地点：淮河路小学梦想中心

执教教师：王老师

内容：人教版小学三年级上册《香港，璀璨的明珠》

课文内容简析（同前文，这里省略不录）

图4-8是王老师《香港，璀璨的明珠》的课堂板书。

图4-8 《香港，璀璨的明珠》一课的必要性板书

王老师的板书字体规范，布局合理，条理清晰，既有内容的概括，又有写作方法的总结，重点突出，层次分明，浓缩了一节课的精华。

4. 合理布局，有美观性

教师能把所讲授的内容迅速而利落、合理而清晰地分布在黑板上，除此之外，教师在板书时对板面上文字书写的位置、字体的大小、间距的宽窄、排列的次序以及标点的运用等细节问题都要加以周密考虑，合理分配，科学编排，力求做到干净、利落，使板面更加绚丽多彩，发挥出它应有的辅助作用，收到良好的教学效果。

课堂板书的美观性课例基本信息——

地点：淮河路小学梦想中心

执教教师：董老师

内容：人教版小学四年级上册口语交际课《感谢和安慰》

图4-9　《感谢和安慰》一课的板书

此板书虽然重难点突出、层次分明、结构合理，但我认为此板书在艺术性上稍微欠佳，给人的感觉不太完美，没有注重板书设计的形式美观性。

优化建议：作为小学语文教师，首先要多看一些与其相关的文章或著作，多掌握一些理论知识，对板书的位置和布局应有更科学的认识与了解。再者教师在备课时，应该认真设计板书的位置，大脑中要有清晰的思路，努力做到了然于心。

图4-10是许老师上课的板书，这一板书既重难点突出、层次分明、结构合理，在艺术性上也十分完美，这样的板书具有一定的美观性，发挥出它应有的辅助作用，收到良好的教学效果。

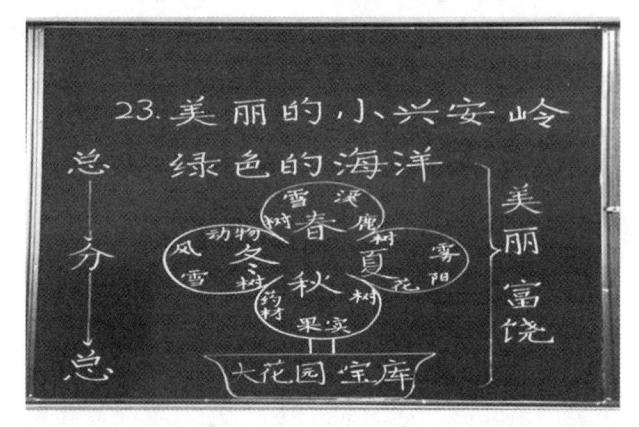

图4-10 具有美观性的板书设计

独具匠心的板书设计，既能引起学生的注意，又能激发学生学习的兴趣；既能传授知识，又能活跃学生的思维；既能陶冶学生的情操，又能启迪学生的智慧，在语文教学中发挥着不可估量的作用！让我们的课堂因为有了板书而更加美丽！

切片分析报告三：

因势利"导" "入"情入境
郑州市中原区淮河路小学 方晓芬 葛寅潇

著名特级教师于漪说过："课的第一锤要敲在学生的心灵上，激起他们思维的火花，或像磁石一样把学生牢牢地吸引住。"好的课堂导入如同桥梁，联系着旧知识和新知识；如同序幕，预示着后面的高潮和结局；如同路标，引导着学生的思维和方向。

课堂导入一般指课堂教学开始的3—5分钟，是对教师和学生所有教学活动的总称。它作为课堂教学的重要环节，具体是指在进入新的教学内容前，教师为了转移学生的注意力，激发学生的学习兴趣，采用各种教学手段，引导学生进入正式的学习状态的教学行为。

从课堂导入的概念入手我们抓住了两个关键句子："激发学生的学习兴趣""引导学生进入正式的学习状态"，从而确定课堂导入的三个功能及要求：导之以趣，导之以新，导之以深。

（一）导之以趣

美国教育家哈·曼曾说："那些不设法勾起学生求知欲望的教学，正如同锤打着一块冰冷的生铁。"所以教师在课堂导入的设计过程中，一定要想尽各种办法激发学生的兴趣，调动他们学习的积极性，只有学生对所学的知识产生兴趣，才能使学生爱学、乐学、会学、善学。课堂上常用到的方法有音乐导入、故事导入、猜谜导入、游戏导入等，对此相信大家都不陌生。

方法固然重要，但必须遵循以下几个特点，首先要针对不同的课型及内容，其次要根据不同的学习目标，最后还要注意契合学生的年龄特点、心理状态、知识能力基础、兴趣爱好等。

1. 根据不同的课型及内容导入

《白杨》这篇课文，不仅介绍了白杨这种植物，还借白杨赞扬边疆建设者无私奉献的精神。濮阳市的时老师针对这篇课文特殊的课型——借物喻人，在课前播放了《小白杨》这首歌："一棵呀小白杨长在哨所旁，根儿深，杆儿壮，守望着北疆。"一首耳熟能详的歌曲既激发了学生的兴趣，又潜移默化地渗透了这篇课文的写作方法。

2. 根据学生的兴趣爱好导入

兴趣是最好的老师。学生只有在自己最感兴趣的事情上才会投入更大的热情。比如一年级《识字七》的教学，漯河小学的张老师让孩子们根据老师的描述猜是哪个动画片里的人物，"功夫熊猫、灰太狼、喜羊羊……"这些孩子们十分喜欢的卡通形象一下子好像来到了教室里，在一片欢声笑语中开始了新课的学习。

3. 根据学生的心理状态导入

小学生由于年龄小，心性很容易被新奇的事物所吸引。如果抓住他们的这一心理特点，选择他们感兴趣的事物导入新课，相信会有效地引起他们对新知识、新内容的强烈探求。

（二）导之以新

课堂导入要善于创造一种令学生提出问题，产生矛盾的情境，有效地引起学生对新知识、新内容的强烈探求欲望，课堂上常用的方法有四种。

1. 口头总结，从素材中提炼新知

济源市东园学校的张老师在上《夸父追日》这篇课文时，先讲了一个巨人族的故事："相传在上古时代，有座名叫成都载天的大山，居住着大神后土的子孙，因为他们个个身材高，力气大，所以又称巨人族。他们的首领就叫作夸父，他为什么要追赶太阳呢？下面就让我们走进课文去看看。"看着夸父的图片，听着老师的介绍，孩子们对主人公有了形象的了解，更加快捷地帮助他们理解了课文的内容。

2. 设计问题，引出新的教学内容

《黄河的主人》这篇课文通过对黄河上的羊皮筏子、艄公、乘客的描写，赞扬了艄公凭着勇敢和智慧、镇静和机敏，战胜了惊涛骇浪，被誉为"黄河的主人"。刘老师上课时先播放了黄河的图片及视频，再现了黄河的磅礴气势，又提炼出两个重要问题——"黄河的主人是谁？为什么称它为黄河的主人？"借此引出了新课的学习。

图 4-11 《夸父追日》一课的导入图片

3. 释疑题目，引出新知

每篇课文的题目都包含了作者创作的精髓，从题目入手，可以直指中心。河南省实验小学的杨老师在教《元帅的故事》时从汉字的文化入手，从"帅"字的演变过程，追溯到最早的甲骨文，帅字就好像一个人双手持箭，一声令下指挥作战，那么元帅的故事会跟什么有关呢？接着就引出了对本课的学习，这种方法可以说非常新颖。

图 4-12 《元帅的故事》一课的汉字导入图

4. 单元整体感知，导入新课

现行的教材多以专题组织教材内容，以单元整体感知，导入新课，既回忆、总结了前面学过的课文，又很好地引出了本节课要学习的内容。

（三）导之以深

导入怎样才能厚重、有深度呢？这需要做到以下两点。

1. 导入要向达成目标靠拢，围绕教学目标进行恰当的引导

中原区淮河路小学的董老师上的口语交际课《感谢和安慰》的目标之一：学生在感谢和安慰他人时，能真诚、得体地表达自己的感受和想法。董老师的导入环节就在向达成目标靠拢。在上课伊始，董老师问学生："今天的课堂跟以往有什么不同？你的心情如何？"当学生说有很多老师在后面听课，有些紧张时，董老师就说："那谁能来安慰安慰他？"几个学生站起来安慰紧张的同学后，就初步达到了其中的一个教学目标——真诚、得体地表达自己的感受和想法。

《祁黄羊》一课，讲的是春秋时代晋国大夫祁黄羊，为了国家的利益不计个人恩怨，不避个人亲仇，两度为国荐贤的故事。肖老师利用图片、视频和讲解，很好地完成了"了解文中人物间的关系，了解时代背景及中军尉职责的重要"这两个目标。

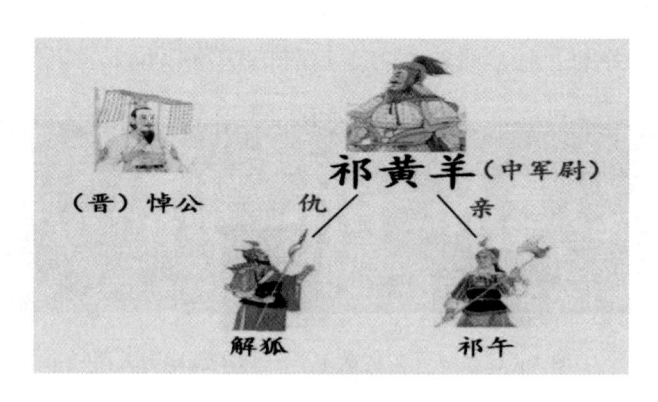

图 4-13 《祁黄羊》一课导入图

2. 导入素材在后面的教学过程中再次应用，避免停留在激趣的层面上

淮河路小学的李老师在上《雪地里的小画家》时带来了几个动物朋友，听到它们要和孩子们一起上课时，大家的积极性一下子就被调动起来了。后面在讲到课文中小动物们在雪地上都画了什么图画的时候，李老师随手再次用到这些动物卡片，十分自然，不留一丝痕迹。这样的课堂导入既起到了激发学生兴趣的作用，在后面的教学中又做到了再次应用，使导入显得厚重、有深度。

心理学研究表明：精彩的课堂开头，往往会给学生带来新奇感，不仅能使学生的思维迅速地由抑制到兴奋，而且会使学生将其当成一种自我需要，自然地进入学习新知识的境界中。希望大家都能因势利导，使学生进入教师创设的生动有趣的情境中，开启新知识的学习之旅。

切片分析报告四：

巧设前置作业 成就精彩课堂

郑州市中原区淮河路小学　刘珍珍　陆梦

在教与学的双边活动中，我们一贯会讲"教无定法""学无定法"，可别忘了还有"适而得法"，就是"适合的就是最好的"。既能激起学生的学习兴趣，又能使学生的前置性学习有效、高效，这时，布置恰当的前置性作业是关键。那么，究竟如何才能设计出恰当的前置性作业呢？结合淮河路小学教师多年来共同践行的经验，我们总结、归纳出以下几点原则。

（一）根本性原则

所谓"根本"即语文学习的根本。小学语文教学的根本目的就是培养学生的阅读、写作能力，在教学的各个环节都要在教师的引导

下，通过有目的、有计划、有方法的、循序渐进的训练，在前置性学习中就要推进阅读，以读引读，以读引写。

例如，在教学《鹿和狼的故事》时，毛老师和赵老师都有相关课文写法和课文主题的阅读推荐，毛老师的"资料收集，我在课外找到了一个和本课相似的故事，名字叫《_____》，我把这个故事整理打印出来附在后面"；赵老师的"在生活中，我们还看过、听过类似的故事吗？写下来，试着讲一讲"，就使得课堂学习变得更加有深度和厚度。

（二）适中低入原则

所谓"适中"就是作业量要适中，前置性作业不要过多地加重学生的负担，而且不是每节课都需要布置前置性作业。所谓"低入"，是因为前置性作业是在课前完成的，是面向全体学生的作业，由于学生的程度不同，因此在设计前置性作业时要降低起点，使学生易于接受、乐于接受，得到扎实有效的练习。

例如，蒋老师在执教《新型玻璃》一课时设计的前置性作业的题目大多是在书上圈圈画画，批批写写的，还有就是让学生自由想象的。如用"_____"画出描写五种新型玻璃特点的语句，用"_____"画出描写五种新型玻璃作用的语句，把特点、作用以及说明方法批注在句子旁。还有如通过阅读学习单背面的资料，想想给你带来了哪些灵感？你想发明创造一款什么样的新型玻璃？把它的名称写在横线上，并想一想它的特点和作用是什么？

这样的圈圈画画做批注的前置性作业，有助于学生用心思考，不会成为学生的学习负担，学生就乐于接受，愿意去完成。

（三）开放性原则

布置"开放性"作业的目的，是增加学生思考问题的多面性。这就要求老师在设计前置性作业时要有针对性地开发教材资源，深入挖掘学生潜力，注重发散学生思维。

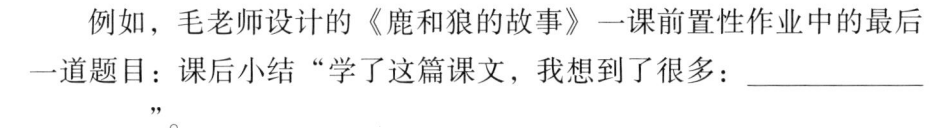

例如，毛老师设计的《鹿和狼的故事》一课前置性作业中的最后一道题目：课后小结"学了这篇课文，我想到了很多：_____"。

根据课文内容适时适量布置开放性作业，让学生"各有说法"，让不同层次的学生都"有话可说"。

（四）目标明确原则

教师根据每节课的教学目标进行教学设计。教学目标是一节课的核心，布置有效的前置性作业可以帮助学生达成目标。这就要求教师在布置前置性学习内容前，先要深入钻研教材，基于标准制定本节课的教学目标，再根据目标有针对性地设计前置性作业。

例如，蒋老师在设计《新型玻璃》一课的前置性作业时，"领悟作者的表达方法，并学习运用"是目标之一，蒋老师在前置性作业中巧妙地设计了"阅读学习单背面的资料，给你带来了哪些灵感？你想发明创造一款什么新型玻璃"一题，让学生读材料，构思自己想要设计的新型玻璃。课堂上学生再结合所学习到的表达方法，进行小练笔，从而达成目标。

（五）趣味性原则

趣味性要求布置的前置性作业的形式多样，内容新颖并有创造性。这样才能激发学生的学习兴趣，使学生充分发挥自己的主动性。如布置一些口头的、书面的、绘图的、表演的作业等，让学生感受到作业内容和形式的丰富多彩，使之情绪高昂，乐于思考，从而感受到作业的乐趣。

例如，在王老师设计的《香港，璀璨的明珠》一课前置性作业中，就有"我的家乡郑州也是一个_____的大城市，课下，我也搜集了一些郑州的资料，如：郑州美食、郑州交通、郑州环境、郑州名胜古迹、郑州特色建筑、郑州游乐设施、郑州特色园林……可选自己感兴趣的一点来搜集"这一题目。这道题目可以激起学生写作的兴趣，在课堂上完成写作时就比较轻松，所呈现出的答案也很精彩。

（六）指导性原则

"指导性原则"体现在前置性作业中就是对学生自学课文起着方法论的指导作用，起着导读作用。例如，毛老师设计的《鹿和狼的故事》一课的前置性作业中就有"读了课文，我发现这篇课文与之前学过的一篇课文《＿＿＿＿》，在（故事情节、表达方法）上有相似之处：＿＿＿＿＿＿＿＿＿＿"一题。毛老师通过唤起学生旧知，引导学生掌握本节课的表达方法，从而达成"通过具体事例说明道理"的学习目标。

（七）个人作业与小组合作作业相结合原则

新课程标准倡导"自主、合作、探究的学习方式"，所以小组合作学习是亮点。如果前置性作业全部是由个人完成的作业，就难以培养学生这种合作精神，所以必须将个人独立完成的作业和小组合作完成的作业结合起来。而且在小组进行合作之前先给其成员提供个人独立思考的时间，使其先准备再进行合作。

例如，张老师的课在这一点上就体现得特别好："通过默读课文，我能在书上画出每一种新型玻璃的特点、作用，并找出作者在介绍各种玻璃时运用了哪些说明方法，完成下表。"

新型玻璃名称	特点	作用	说明方法

学生在课前自主学习独立完成表格，课堂上再通过小组讨论确定答案。

（八）鼓励性评价原则

老师在布置完前置性作业后要尊重学生的劳动，在课堂上应尽可能提供机会让学生呈现作业成果,让他们既有所做又有所用,而且其作业可以由家长评价、老师评价与学生自评。

例如,葛寅潇老师布置的前置性作业就有教师评价,王老师布置的前置性作业有学生自评和家长评价。

这样一来,学生完成作业的兴致就能得以保持,学生就乐于去做,就能在学习中取得更大的自信,会更有成就感,更加乐学。

有效的前置性作业绝对不是对简单问题、相应习题的堆砌。把握好教材,掌握住重点、难点和关键点,是设计好前置性作业的保证。无效的前置性作业,时间长了,就会流于形式,甚至会招致学生和家长的忽视。

总的来说,我们必须认识到前置性学习的重要性,但我们不应过分夸大前置性作业的功能,我们可以利用前置性作业来辅助课堂教学活动,从而让学生养成"先学"的良好习惯。教师要把凡是学生能够独立做的事情都给学生留出空间,把最具有价值的问题或话题给学生留下充分的时间和空间去研究、去探索。让前置性作业发挥其应有的作用,引领高效的生本课堂,为学生的终身发展服务,这是我们应该做的!

二 小学数学课堂核心教学设计切片分析报告

切片分析报告五:

学习目标制定与叙写的基本要求
—— 以小学数学为例

郑州市中原区淮河路小学　樊艳玲　陈咨谕　牛美云　张洁

在生活中,目标帮助我们集中注意和精力,并表明我们想要完成的任务。在教学中,目标表明了我们想要学生学习的结果。课堂学习目标是教师依据教学目的、内容及实情制定的一个具体要求和标准,它是教学目的的具体化,引领了教学的整个过程,是判断教学是否有效的直接依据，是一堂课的灵魂。下面将从两个方面对学习目标进行切片分析。

（一）学习目标制定的依据

学习目标是指教学活动实施的方向和预期达成的结果，是一切教学活动的出发点和最终归宿，所以其内容的全面、准确就显得尤为重要。如何判断所制定的学习目标是否全面、准确呢？主要依据三个方面来判断。

1. 学习目标的制定依据课程标准

课程标准规定的是国家对国民在某方面或某领域的基本素质要求，是某一学科课程性质、课程目标、内容目标、实施建议的教学指导性文件。因此，毫无疑问，它对教材、教学和评价具有重要的指导意义，是教材、教学和评价的出发点与归宿。教育目的的具体化是课程标准，而课程标准的具体化就是学习目标。所以说制定学习目标最重要的依托就是课程标准，而不是按照老师自己的意愿去制定，这在很大程度上保证了学习目标的准确性。

《数学课程标准》对"认识时间"（人教版小学数学二年级上册第七单元）这节课的要求是：能认识钟表，了解24时计时法。陈老师在执教《认识时间》这节课时制定的学习目标如下：

（1）通过交流学习单元第一部分的内容，认识时间单位分，知道分针从12起，走多少个小格就是多少分。

（2）通过拨一拨活动以及多媒体课件演示，能理解时和分的关系，知道1时=60分。

（3）通过观察、对比两个非常接近整时的时间，说一说自己认识时间的方法，通过完成并交流学习单元第二部分的内容，能正确地读、写几时几分。

从这三条学习目标来看，陈老师对于课程标准的分解还是十分到位的。第一个目标描述的是"能认识钟表"，学生认识钟表上表示时间的分针,并掌握它是如何表示时间的。第二和第三个学习目标都是依据"了解24时计时法"来制定的,第二个目标理解时和分的关系是了解24时计时法的基础,第三个目标是把"了解"细化、分解成了会认读时间,会正确地写某个时间。

2. 学习目标的制定依据教材、教参

《数学课程标准》的要求是学习目标的概括化,如何将概括化的学习目标进行分解并制定出具体的学习目标,就需要我们认真钻研教材、教参,吃透教材每一部分的设计意图,这样我们才能准确地把握教材内容,制定出较为准确、全面的学习目标。

还是以陈老师执教的"认识时间"一课为例,课标对本节课的要求是认识钟表,了解24时计时法。我们知道钟表上表示时间的指针有3个,对于这3个指针相关内容的学习都是本节课要学习的吗?同时对24时计时法到底应了解到哪种程度?是像一年级时只认读到整时还是认读到几时几分或者是认读到几时几分几秒?这些都是需要我们借助教材来了解的(见图4-14)。

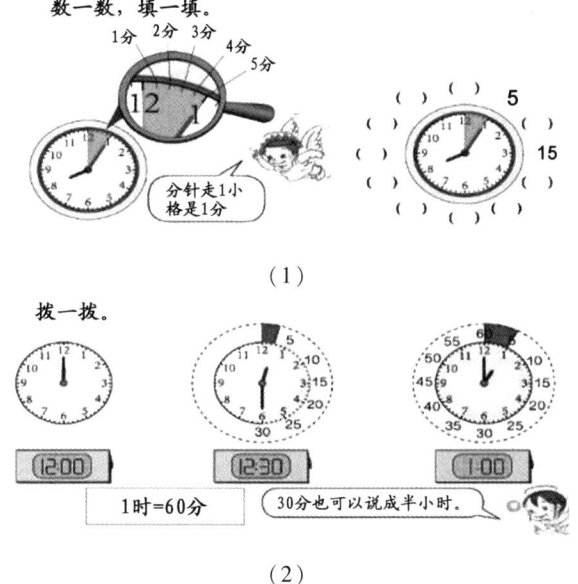

（1）

（2）

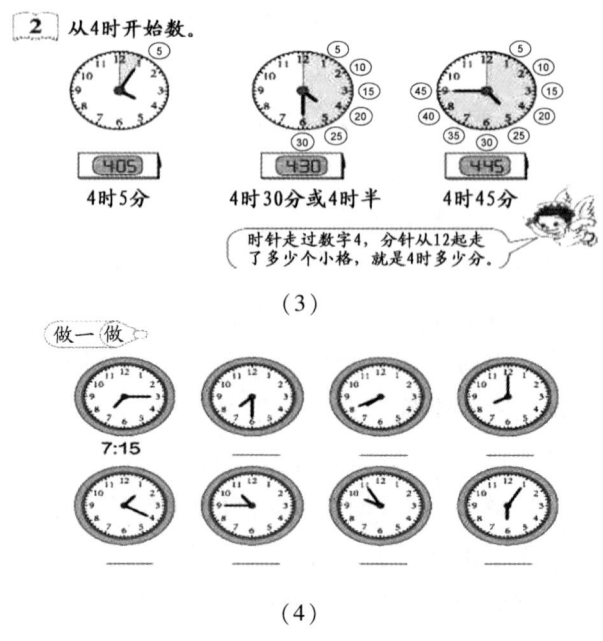

图 4-14 《认识时间》一课教材内容

通过观察这四幅图我们不难发现，教材已经很全面、准确地把本节课的学习内容告诉了我们。图 4-14（1）对应的学习内容是认识分，图 4-14（2）对应的学习内容是理解时与分的关系，图 4-14（3）对应的学习内容是认、读几时几分，图 4-14（4）对应的学习内容是写出几时几分。所以陈老师制定的学习目标把本节课所涉及的学习内容都包含了进去，制定的学习目标还是较为全面、准确的。

3. 学习目标的制定依据学情

在课堂教学中学生是一切学习活动的出发点和落脚点，脱离学生实际的学习目标没有任何使用价值。所以在制定学习目标时，我们除了要通过对《数学课程标准》进行有效分解外，还要通过吃透教材、把握编者意图来确定学习内容，明确我们要将学生"带向哪里"。我们应充分关注学情，了解学生现在"在哪里"，唯有在此基础上我们才能更好地把握重难点，所制定的学习目标才更精准。

张老师执教的"认识周长"是人教版（2011年版）小学三年级数学第七单元第三课的内容。《数学课程标准》对本节课的要求是：结合实例认识周长，并能测量简单图形的周长。作为认识周长的起始课，我们并不知道学生对周长的认识到底有多少。这时，了解学情对于目标的制定来说尤为重要。张老师的前测结果如表4-2所示和表4-3所示。

表4-2　　　　　　　　　你听说过周长吗　　　　　　　　　（%）

听说过	没有听说过
76	24

表4-3　　　　　　用自己的方式表示你对周长的理解　　　　　（%）

对	错	没写过
38	24	38

案例展示（见图4-15）。

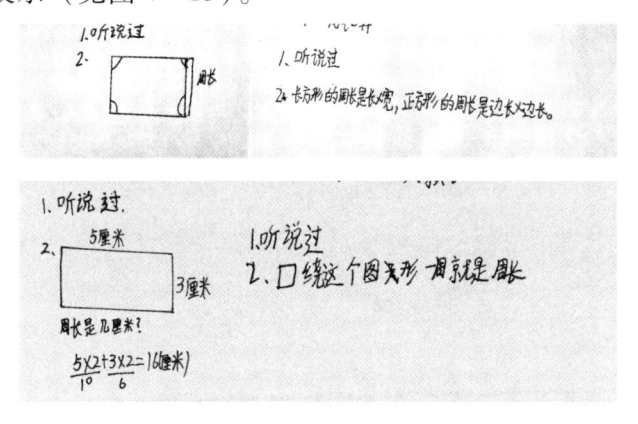

图4-15　关于"认识周长"调查案例示意

通过前测发现：有一小部分学生对周长已经有了初步的认识，但是大部分学生对其并不了解，有的学生甚至把周长和面积或者图形的边长弄混淆了，因此在教学过程中，让学生了解并理解周长的实质就显得特别重要。基于此学情，张老师制定的相关目标如下：

（1）借助机器猫减肥的故事，正确指出操场的一周。

（2）结合具体图形，通过动手摸一摸、说一说、描一描等活动，能准确指出并说出图形的周长，在教师的引导下，理解周长的含义。

因为小部分学生对周长已经有了初步的认识，所以目标（1）"借助机器猫减肥的故事，正确指出操场的一周"和目标（2）"能准确指出并说出图形的周长"这两条目标，通过这一小部分学生的汇报交流是可以自主达成的。在目标（2）中，由于周长含义的严谨性，通过教学活动，学生自己准确、自然地说出周长的含义就比较困难了，因此在制定这个目标时表现程度就定位成在教师的引导下。同时鉴于大部分学生对周长的概念比较模糊，张老师在制定目标时采用了丰富的教学活动（摸一摸、说一说、描一描）来理解"封闭图形"和"一周"，以此加深学生对周长的认识。

又如：陈老师执教的"认识时间"设计了如下前测题，并收集整理学生反馈的数据，及时准确地了解学情，让课堂教学设计更有的放矢。

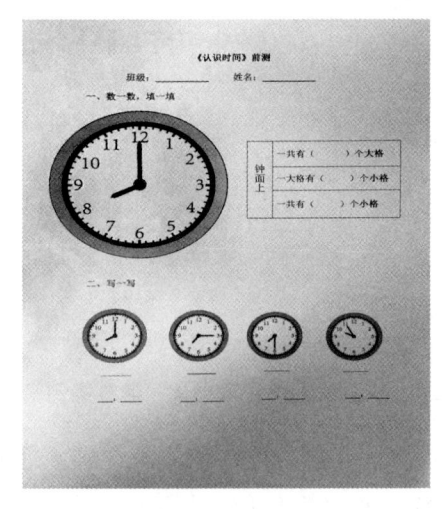

图4-16 "认识时间"一课前测设计

表4-4　　　　　　　"认识时间"一课前测结果

测试项目	错误人数（人）/错误率（%）	前测情况反馈
钟面	29 / 54.7	能数出钟面上有12个大格，但在数一大格里有5个小格时容易出错，部分学生习惯数大格里的刻度线，误认为是4个小格。在数钟面上一共有几个小格时，多数学生能5个5个地数，但方法比较单一、缺乏灵活性
时针	4 / 7.5	将时针和分针认反
分针	24 / 45.2	受时针认知习惯的影响，有学生认为分针和时针一样"指向几就是几分"
接近整时	40 / 75.4	对接近整时的时刻辨认不出来，认为时针接近几就是指向几，就是几时
电子书写	24 / 45.2	不会用电子表示法表示分钟数不满10的时间

（二）学习目标的叙写

学习目标支配着教学的全过程，并规定着教与学的方向与策略，所以清晰合理的学习目标可以很清楚地告诉我们整个教学活动及其预期达到的结果或标准。如何叙写学习目标呢？

1. 学习目标的叙写要完整、具体、可测

完整的学习目标必须包含四个核心元素：行为主体、行为动词、行为条件和行为标准。即谁来学、学什么、在什么条件下学、学到什么程度。这四个核心元素相辅相成，缺一不可。另外，学习目标是学生在课堂学习中要达成的学习结果，是通过学生的行为来反映的，所以学习目标的行为主体一定是学生，学习目标的行为动词自然是学生所发出的动作。这样制定出的学习目标是策略化的，是可观察和可评价的。有了这样的目标，在检测学习目标是否达成时就有了明确的标准。

以赵老师执教的"鸽巢问题"（人教版义务教科书小学数学六年级下册第五单元"数学广角——鸽巢问题"）为例，她制定的学习目标如下：

（1）通过摆一摆、画一画的学习活动，经历"抽屉原理"的探究过程，会用抽屉原理解决简单的实际问题。

（2）通过操作、观察、比较、说理等数学活动，体会和掌握逻辑推理思想和模型思想，发展类推能力和概括能力。

（3）能运用"抽屉原理"的模型解决生活中的相关问题，感受数学来源于生活。

赵老师制定的每一条目标在叙写时都包含了四个核心元素，以第一条为例，行为主体是"学生"，行为动词是"经历"，行为条件是"通过摆一摆、画一画的学习活动"，行为标准是"会"，这样规范、标准的目标既便于观察评价学习目标是否达成，同时又是可操作的。

2. 学习目标的叙写层次要清晰

一节课的学习目标不止一个，且多个学习目标之间的层次和水平也不尽相同。在实际教学时，要将这些目标按一定顺序排列，从而引导学生由浅入深、由表及里、由简到繁地逐个实现目标。因此，在制定学习目标时要分析一组目标之间的层次关系，并将其有机地结合起来。

李老师在执教"认识时间"（人教版义务教科书小学数学二年级上册第七单元）时制定的学习目标如下：

（1）借助生活情境，认识时间单位——分，知道分针从12起，走多少个小格就是多少分。

（2）借助猜想、验证的拨钟活动，通过观察、比较、推理，能理解时和分的关系，知道1时＝60分。

（3）通过同桌交流，能说出自己认识时间的方法，正确地读、写几时几分。借助乘坐火车的生活情境，渗透珍惜时间、合理安排时间的良好习惯。

李老师叙写的学习目标层次是比较清晰的，第一个层次是学生认识时间单位——分，这一层次的学习目标是认识时间的基础，为后面的目标达成做了铺垫；第二个层次是理解时间单位——分与时之间的关系，在这一目标达成的过程中，学生还能通过观察钟面上时针和分针的转动进行总结，以分针作为参照，推理出时针是否刚好指向了钟面上的某个数，为第三个目标正确读出时间，尤其是几时几分打下了坚实的基础。第三个层次是认识时间，说出认识时间的方法并正确读写出几时几分。这样的目标制定层层递进，又逐层渗透，顺应了学生学习的规律。

3. 制定学习目标要关注"三维一体性"

学习目标分成三维，即知识与技能（一维）、过程与方法（二维）、情感态度与价值观（三维）。在制定学习目标时，不能离开情感态度与价值观、过程与方法的知识与技能的学习，也不能离开知识与技能的情感态度与价值观过程与方法的学习。所以三维目标不是指分离的三个目标，而是指某一学习活动的三个方面。[①]

李老师执教的"解决问题"是人教版小学六年级数学（上册）第三单元的内容，"数学课程标准"对本节课的要求是：结合具体情境，了解常见的数量关系，并能解决简单的实际问题。

李老师制定的学习目标如下：

（1）借助修暖气管道的情景，通过动手操作、交流汇报，能够用"假设法"解决问题。

（2）通过对比分析、全班交流，找到"变中之不变"，并经历现实问题模型化的过程，体会模型思想。

（3）通过运用数学模型解决相关问题，积累解决问题的经验，进一步培养学生的应用能力。

李老师在制定学习目标时就很好地关注到了"三维目标的一体性"，他将第二条和第三条目标都表述成了三个维度，即学会什么？是怎样习得的？通过这样的过程习得特定的知识和技能对学生有何意

---

① 崔允漷：《教案的革命：基于课程标准的学历案》，华东师范大学出版社2016年版，第42—47页。

义（数学素养的提高）？以目标二为例，用"通过……会找到……经历……体会……"这样的陈述句叙写就兼顾了"过程与方法＋知识与技能＋情感态度与价值观"这三个维度的目标，同时解决了将"情感态度与价值观"单独写成一条而带来的无法清晰化评价的问题。

学习目标对学生来说是否合理，是否可操作、可评价，直接影响着教学活动的展开和对学习结果的评价。制定学习目标时是否关注"三维一体"，又影响着学生数学素养的养成。不合理地目标会将学生的学习引入歧途，只有合理地制定学习目标，课堂活动才能有的放矢，才能真正帮助学生，成就有意义的学习。

科学、合理地制定学习目标是设计教学的最重要一步，学习目标既是方向、结果，也是程度，如果学习目标制定得合理，叙写得具体、可操作，它不仅能指导学生的学习，也便于老师强化教学目标意识，使课堂更加高效，那么一节好课就应运而生了。

切片分析报告六：

合作学习策略在小学数学课堂教学中的落实

郑州市中原区淮河路小学　刘琼阁　李智慧

小组合作学习作为一种有效的教学策略和学习方式，是传统讲授法教学组织形式的有利补充，它凸显了学生的主体地位。

（一）小组合作学习的意义

《数学课程标准》明确指出："动手实践，自主探索与合作交流应当是学生学习数学的重要方式。"

小组合作学习（又称合作学习）是指小组或团队为了完成共同的任务，经历动手实践、自主探索和合作交流的过程，是有明确责任分工的互助性学习。它强调学生学习的亲历性、参与性、合作性，是一种具有典型意义的学习形式。区别于小组学习和讨论式学习，它有自己的组成和流程。

合作学习的三个组成要素：恰当的学习内容、健全的小组和有效的指导、评价。

小组合作过程：先自主学习，再进行小组交流，最后全班展示。

1. 小组合作学习的原则

在小组合作过程中，有效的小组合作需要考虑三个原则：全员性、积极性、充分性。

（1）合作学习的全员性，是指尽可能多地让小组成员参与。比如张老师在执教"认识周长"时，科学合理地组建小组，并在小组合作中，使每一个小组成员都有明确、具体的任务，放手让学生探索图形周长的测量方法，让每一个孩子都能从已经建立的周长概念出发，在操作和感知中加深对周长的理解和认识。从整体的高度去把握图形周长的一般测量方法，并体会测量方法的多样性，在小组合作中将测量方法进行简化，并渗透"化曲为直"的思想方法。最后在进行全班交流时，一组评价，全班质疑，补充互动，全员参与。

（2）合作学习的积极性，可以测评小组集体的学习效果，作为评价的依据。比如，在对学生的小组合作学习进行评价时，应注重把学生个人之间的竞争变为小组之间的竞争，把个人计分改为小组计分，把小组集体成绩作为评价的依据，把整个评价的重心由鼓励个人达标转向小组合作达标。

（3）合作学习的充分性，是指在恰当的预设时间内，保质保量地完成合作任务。

合作学习的充分性体现在任务布置、独学与合作学习相结合两个要素上。

2. 任务布置环节的基本要求。

（1）小组合作要求和内容要明确、具体。例如，执教"认识周长"的两位老师（卢老师和张老师），都设计了小组合作学习要求和合作学习的"学习单"。卢老师的合作要求是：①选择合适的工具进行测量。②测量出所需的数据，可标在字卡的相应位置。③在练习本上独立计算出周长。④在小组内交流想法。⑤合理分工，做好交流准备。张老师的合作要求是：①同桌2人一组，测量出每个图形的周长，并记录下来。②测量完成后，在4人小组内说一说你是怎么测量的。相比较而言，张老师的合作要求更简洁明了，卢老师的合作要求虽具体翔实，但略显啰唆，有些可以合二为一，合理分工应放在前面。建议合作要求：①以小组为单位，选用合适的工具，采用恰当的方法，测量并计算出图形卡纸的周长，结果取整厘米。②看哪一组合作得好，想的办法巧。

就测量内容来说，卢老师设计了☆□○△◇五种图形，每个小组研究一个图形，这些应该都算是规则图形，建议每个小组增加一个任意图形（不规则图形），避免学生产生只有规则图形才能求周长的思维定式。张老师设计的①号小研究：长方形和树叶；②号小研究：长方形和圆。②号小研究涵盖了规则和不规则的图形（见图4-17）。

①号小研究

合作要求

1. 同桌2人一组，测量出每个图形的周长并记录下来。
2. 完成后，在4人小组内说一说你是怎么测量的。

图4-17 长方形和树叶周长测量合作

（2）合作时间要预设科学：如执教植树问题的张老师用了22分

钟，一节课是 40 分钟，相当于一半的时间用来进行小组合作，时间安排得较长。

（3）合作要求提醒（提醒小组长要负起责任）。就植树问题的两节课来说，在小组交流时，小组长没有起到引领、责任分工的作用，教师在巡视时没有发现这一问题，也没有提醒小组长了解组员的情况和加以订正补救。

3. 自主学习与合作学习相结合

合作学习有利于拓宽思路、问题探讨的多元化，促使学生互相取长补短，但只有建立在独立思考、自主学习的基础上才能顺利完成。因此，在学生进行小组合作学习之前，要先让学生独立思考，这时发挥每个个体的积极性和提高小组合作学习的效率起着决定性的作用。如在植树问题的教学中，执教的两位老师在合作要求中都有明确具体的独学内容。

对合作学习的要求如下：

（1）小组长分配任务，一人选择一个数据，画线段图，完成学习单。

（2）小组内讨论，你有什么发现。

教师应当给足学生独立思考的时间，鼓励每一位学生都能有自己的想法和讲解，避免有些学生只当听众、观众，被动地接受别人的意见。让他们有话可说，有助于把问题研究深刻，避免"从众心理"，也给那些学习有一定困难的学生提供了进步的机会，帮助他们提高学习能力。另外，凡是每一个学生都能够通过独自学习解决的问题，就没有必要再进行小组合作研究了。

（二）小组合作学习的构成要素

1. 小组合作学习内容的恰当选取

恰当的学习内容是教师首先面临的选择。选准、选精学习内容是确保合作学习实效性的重要因素。

（1）合作学习的必要性

①合作学习的内容应该具有挑战性、开放性和探索性，要有一定的难度，是个人在短时间内难以完成的。

②在认知模糊（对新知识的本质认识不清）时，通过合作讨论，学生能够形成对问题深刻、全面的认识，又能感受合作交流、听取各种观点的重要性，增强团队协作意识，学会与人共处。

陈老师在执教"平行四边形的面积"一课时，通过前测调研，发现有57%的学生找不到平行四边形侧面的高，有43%的学生能准确地标出来，有66%的学生会把求平行四边形的面积转化成求长方形的面积。有47%的学生会用"底×高"去求平行四边形的面积，但不知道为什么这样求。根据这个数据，观察小组认为，会找平行四边形的高，应该作为一个要突破的难点，需要通过小组间的探讨交流来逐渐明晰，所以，这一突破难点的环节很有必要。

（2）合作学习的可行性

合作学习的内容应该是学生力所能及的，是在学生的"最近发展区"内的，并与他们的智力、经验、知识结构等水平相当；合作的内容要"问题化"，便于学生作为任务进行合作学习。

"植树问题"这节课，是人教版小学数学五年级上册数学广角单元的内容，张老师设计了小组合作学习活动，探究植树问题（两端都栽）的规律，建立植树问题的模型思想。植树问题比较抽象、情况比较多变，尤其是在总结出三种不同情况的规律后，在做综合练习题时，学生却常常分不清是"加一"，还是"减一"或者"不加不减"。本节课是关于两端都栽的植树问题，在将棵数与间隔数一一对应后，发现多了一棵，即棵数=间隔数+1，把这个问题作为所有植树问题的核心模型。从张老师班的学生完成的学习单来看，全班48人，画图和算式都对的有32人，还有16人错了。其他类的模型都可以看作由此发展而来，并相应地调整模型。在猜想后需多举例验证，并且重要内容还有一定的难度。可见是符合合作学习的必要性和可行性的。

2. 小组合作学习中健全小组的培养

小组合作过程：先自主学习，再进行小组交流，最后全班展示。健全的小组包括小组的建设和小组合作技能的培养。就小组合作技能来说，"没有规矩，不成方圆"。小组合作也不例外。

在陈老师这节课的小组合作上，讨论加汇报，共用时8分钟。存在的问题：（1）讨论的时间不够充分，在一个小组上台汇报时还有三个小组没有停下来。（2）展示不充分，在学生展示的过程中，教师讲解过多，没有让学生充分表达自己的想法。应该让学生充分表达想法，之后教师再进行评价和引导。

以上这些问题经常会在课堂上出现，为了避免课堂成为优等生和教师的发言场，就需要教师事先做好安排，讲清合作规则，使学生掌握必要的合作技能，包括如何倾听别人的意见，如何表达自己的见解，如何纠正他人的错误，如何汲取他人的长处，如何归纳众人的意见等。因此，可在小组合作学习前作出这样的规定：在组内交流前，小组成员先独立思考，把想法记下来，再由小组长安排，各个成员说出自己的想法，其他人倾听，然后讨论，在形成集体的意见后再由记录员将其整理出来。例如，在植树问题课上，合作小组在进行全班交流时，两节课上都有学生在台上冷场的情况，虽然老师巧妙地替他们向台下学生寻求帮助，但要想避免或减少上台学生无话可说局面的发生，就必须培养合作学习的技能（五会）：学会倾听，学会质疑，学会表达，学会接受并修正，学会总结、反思。

3. 小组合作学习中注重有效的指导和评价

有效的指导、评价应坚持以下原则。

（1）目标性

无论是合作前恰当的学习内容的确定，还是健全小组的培养，以及合作中的有效指导、评价都需紧紧围绕目标。就植树问题的两节课而言，在全班汇报交流环节，牛老师的评价和指导显得赶时间、有些简单，只是说"好""真好""快一点儿"，不能敏锐地作出判断，及时地加以引领，评价流于形式。而张老师能在小组汇报的关键点、重难点上，及时给予强调、追问、鼓励、演示，帮助学生达成本节课的学习目标。

（2）及时性与延时性

学生在进行小组合作学习时，教师不是等待、观望，而是对各个小组的合作学习进行现场的观察和介入，及时从学生的讨论或交流汇报中发现问题，并进行干预和指导，或及时地点拨重难点。

（3）激励性

比如张老师讲授三年级"周长的认识"一课，在小组汇报时，学生测量三角形周长，先用线围着量，再用尺子量，张老师没有直接说"这种方法麻烦，可以直接用尺子量"，而是追问："想知道三角形的周长还必须用尺子吗？"巧妙的评价不但照顾了学生的自尊心，同时也纠正了学生在学习中的一些小错误，尊重与批评并重，学生在十分愉快的心情下接受了批评，教育效果不言而喻。

（4）团体性

值得一提的是，无论是执教五年级上学期植树问题的两位教师，还是后来讲三年级上学期"认识周长"的两位老师，在小组汇报时都是问："哪个小组愿意到前面和大家交流"，让各小组成员明白：他们是一个集体，成员之间应团结协作，共同钻研。

总之，小组合作学习作为一种教学理念、教学组织形式、学习形式，是为教学内容、为教师的教学、学生的学习服务的，是符合时代进步和发展的，它对促进学生积极进取、自由探索，培养学生的创新意识和实践能力将发挥积极作用。教师在教学过程中要确立恰当的学习内容，培养健全的小组合作，进行有效的指导、评价，让小组合作学习真正从形式走向实质。

切片分析报告七：

小学数学课堂练习题设计切片诊断

郑州市中原区淮河路小学　杨艳丽　闫秀娟

课堂练习题是课堂教学的重要组成部分，是教师了解学生知识掌握情况的主要途径，是进行反馈调节的重要措施。恰到好处的课堂练习题不仅能使学生巩固知识，形成技能，而且能启发思维，培养能力。

高质量的课堂教学必须有较高质量的课堂练习题做补充，《数学课程标准》指出："人人学有价值的数学，人人都能获得必需的数学，不同的人在数学上得到不同的发展。"传统的教学模式是机械地布置课堂练习题，学生按部就班地解答，整个过程刻板、乏味，学生学习效果并不理想。按照"新课标"的要求，教师在设计课堂练习题时，应认真研究教材，把握教材的知识结构，充分调动学生的积极性，遵循目标性、针对性、层次性和应用性这些基本原则，发挥课堂练习题对学生学习的重要作用。

（一）目标性原则

课堂练习题的目标性原则，是指在设计课堂练习题时要根据学习目标来设定，避免盲目性、随意性。

小学数学教学要面向全体学生，我们的学生性格各异，来自不同的家庭环境，其生活背景和思维方式，对知识的理解也有一定的差异，这就导致了学生不同的兴趣爱好、发展潜能及成绩的优劣。所以教师要在研究学生的基础上，深入研究新课标和教材。

课堂练习题的设计一定要遵循教学目标、紧扣教学内容和符合学生的实际学习情况，要做到从客观实际出发，做到有的放矢，大胆取舍，把课堂的宝贵时间用到最需要的地方，只有这样才能提高教学效果。

郑州市中原区淮河路小学陈老师执教的"时间的计算（练习课）"是人教版三年级数学上册的内容。"时间的计算"授课借助学生非常熟悉的生活情境，教学要解决的是时间问题的简单计算，教材呈现了解决问题的三个步骤：阅读与理解、分析与解答、回顾与反思，帮助学生确立解决问题的基本方法。在上这节练习课前教师对学生进行了学情分析，发现学生在"跨时间计算"方面比较薄弱，需要在练习课上进行方法的指导与巩固；还有部分学生在相关信息的筛选方面有些欠缺，需要在练习课上加强针对性的练习，因此陈老师结合课标、教材、学情制定了"时间的计算（练习课）"这节课的学习目标：

1. 结合教师和学生的作息时间，知道时间和时刻的区别，掌握时间计算的方法。

2. 通过阅读活动，经历发现问题、提出问题、分析问题与解决问题的过程，解决与"开始时刻、结束时刻、经过时间"相关的问题，增强遵守和爱惜时间的意识。

依据学习目标一依次设计了经过时间、计算结束时刻（8：10是我们开始上课的时刻，一节课40分钟，第一节下课是什么时间？）、计算开始时刻（陈老师要在2：30之前到外校参加活动，路上要用25分钟，陈老师最晚应该什么时间从家出发？）三个课堂练习题，并且在第一个环节"计算经过时间"中，又设计了"可以直接计算的练习（7：15—7：30）""结束时刻是整时的练习（7：40—8：00）""跨整时计算练习（8：55—9：35）"三个练习题，充分巩固了时间的计算方法，体现了目标性原则。

依据学习目标二，陈老师设计了一道"阅读活动感想、解决问题"的课堂练习题。本练习是以学生亲身参与的暑假研究性学习为题材的练习，选取一个小组的一名成员"李子明"将其参与活动的感想——数学日记（见图4-18）呈现给学生：

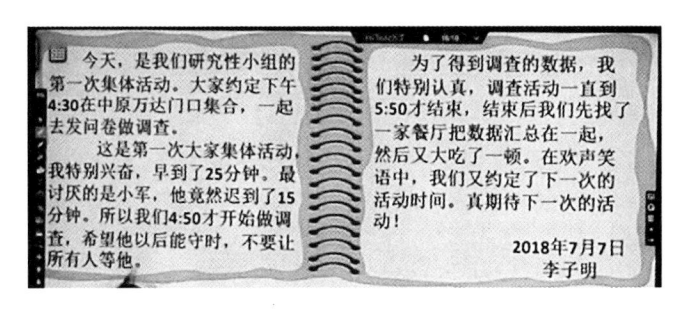

图4-18 活动感想日记

先让学生自主阅读日记，从日记中找到有用的信息，解决"小军什么时间到"这一问题，培养学生分析问题、筛选信息、解决问题的能力；之后又让学生提出其他的数学问题并解答，在解答问题的过程中培养了学生发现问题、提出问题、分析问题与解决问题的能力，同时提醒学生要爱惜时间，做一个遵时守时的人。这一练习题非常好地检测了目标二的达成情况。

（二）针对性原则

课堂练习题的针对性原则，就是在设计课堂练习题时要根据教学内容和提出的学习目标，结合本班学生掌握的情况，准确地把握各部分知识结构中的重点和难点，针对学生认知中的误区和解题中的"常见病""多发病"，设计一些学生易错或易混知识点的一种练习，精选精炼，有效地掌握重点，攻克难点。

"平面图形的周长和面积（整理和复习）"是人教版六年级数学下册的内容，对于什么时候求周长、什么时候求面积是学生容易混淆的知识点，有关周长和面积之间的知识也容易出错。以下课堂练习题是郑州市中原区淮河路小学徐颖老师在执教这一课时设计的部分题。

练习1：比较周长及面积的大小（见图4-19）。

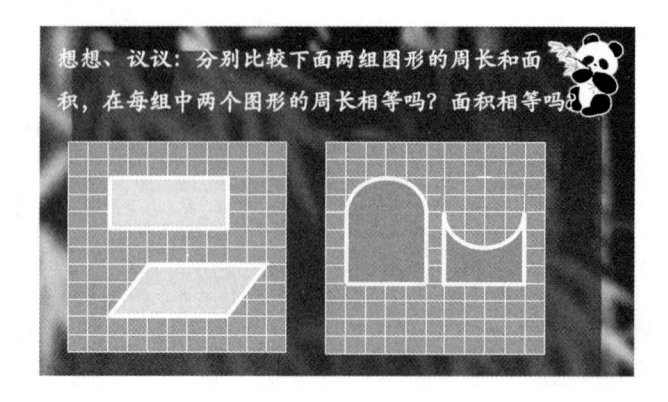

图 4-19　周长与面积计算

练习 2：判断对错。

周长相等的两个平面图形，面积一定相等。　　　（　　）

面积相等的两个平面图形，周长一定相等。　　　（　　）

三角形面积等于平行四边形面积的一半。　　　　（　　）

半径是 2cm 的圆，周长和面积相等。　　　　　　（　　）

半圆的周长等于圆周长的一半。　　　　　　　　（　　）

周长相等的两个圆，面积也一定相等。　　　　　（　　）

这两个课堂练习题都是徐老师围绕学生对周长和面积之间关系这一易错点设计的，遵循了针对性原则。但如果再针对"求周长还是求面积"这一易混点设计一些课堂练习题是不是更好呢？如判断下面各题和求周长有关还是和求面积有关？

1. 学校的花坛有多大？

2. 黑板报的花边有多长？

3. 在街心花坛散步，走了多少米？

4. 空地上要铺上草皮、围上围栏，各要多少材料？

5. 配玻璃和镜框，各需要多少钱？

……

这样的课堂练习题都带有"？"，却都没有具体数值，也不需要学生计算。这打破了学生看到题目就要计算的思维定势，促使他们从整体上考查题目和已学内容间的联系，反思知识所适用的情境，进一步明晰周长和面积的含义，从而达到教学的目的。

（三）层次性原则

课堂练习题的层次性原则，是指课堂练习题的设计要有层次性，根据教材的内容以及学生的认识规律，课堂练习题由易到难，呈坡度，从感知认识、熟练掌握到创造性地运用，循序渐进，逐步加深。

课堂练习题要面向全体学生，为全体学生提供练习的机会，使学生在原有基础上都能有所提高，从而促进各个层次学生的发展，让每个学生都有不同的收获。这就要求课堂练习题的设计遵循层次性原则。一般来说，我们每次可安排三个层次的练习：

第一层次的练习，一般是指基本的、单向的、带有模仿性的习题，这是学生对知识进行内化的过程。这类作业一般是对课堂上学习的概念、法则、定理等知识的直接应用，学生通过复习回顾教材有关内容而找到答案，因而是较简单的层次。

第二层次的练习，一般是指相对基本题而言有较大变化的习题（变式题，或带综合性和灵活性的习题），这是一个把知识转为技能、对知识进行同化的过程。

第三层次的练习，一般是指在思考性、创造性方面要求较高的习题。这是学生对知识进行强化、优化的过程。

郑州市中原区淮河路小学李博老师执教的人教版六年级数学上册第三单元"解决问题"这一课的课堂练习题设计就比较有层次性。本节课学习的内容是工程问题中没有给出具体工作总量的题目。通过假设引导学生找出隐藏的数量关系，经历从具体数量逐步抽象的过程，找到这一问题背后的数学模型，并让学生理解把工作总量假设为单位"1"，计算起来比较简便。下面是李老师为这节课设计的课堂练习题：

最近，郑州终于迎来了久违的晴天，由郑州市园林局主办、郑州市人民公园承办的"绿满商都花绘郑州"2017年人民公园金秋菊展也随之开幕。展出时间为10月20日至11月5日。

1. 公园要搭建一个植物景观，王叔叔单独做5小时能完成，李伯伯单独做8小时能完成。如果两个人合作，几小时能完成？

2. 同时还需要运输一批花卉，甲车每次能运这批花卉的$\frac{1}{2}$。乙车每次能运这批花卉的$\frac{1}{3}$。如果两车一起运，需多少次能运完？能用算式$1÷(1÷\frac{1}{2}+1÷\frac{1}{3})$解决吗？

3. 下列哪个问题能用算式$1÷(\frac{1}{3}+\frac{1}{6})$解决。（不同的情景工程问题）

（1）甲车从城市A到B要行驶3小时，乙车从城市B到A要行驶6小时，两车同时分别从城市A和B出发，几小时相遇？

（2）一匹布，如果单独做上衣可以做3件，如果只做裤子可以做6件，这匹布可以做多少套这样的衣服？

（3）一个150克的小蛋糕，小明一人3分钟能吃完，小丽一人6分钟能吃完。如果两人一起吃，几分钟能吃完？（可以用两种方法）

李老师这节课的课堂练习第1题设计的是第一层次的基础题，是带有模仿性的课堂练习题，给出的是工作时间，把工作总量假设为单位"1"，求出合作时所用的时间，这是学生对知识进行内化的过程。第2题设计的是变式题，没有给出工作时间，而是直接给出工作效率，以加深学生对工作总量、工作效率和合作时间三者之间关系的理解，比较灵活，此练习题培养学生把知识转为技能、对知识进行同化的过程。第3题设计的是不同情景的工程问题，对比、分析了三个不同情景的工程问题，是在思考方面具有较高综合性的课堂练习题，培养学生对知识进行强化、优化的能力。

李老师这节课的课堂练习题，照顾到了全体学生，设计得有层次、有坡度、有变化、有发展，循序渐进，由易到难，使学生的思维始终处于积极活跃的状态中，这种多层次的练习，让学困生"吃得了"，中等生"吃得好"，优等生"吃得饱吃得好"，学生在做题时不但不会感到乏味反而会产生浓厚的学习兴趣。

（四）应用性原则

课堂练习题的应用性原则，是指在设计课堂练习题时把数学问题融入生活中，从而沟通数学知识与生活实际的联系。设计课堂练习题要用真情境、真问题，感受数学来源于生活，服务于生活，让学生切身体会到数学就在我们身边，"学"就是为了"用"。

郑州市中原区育才小学袁老师在六年级下册"立体图形的整理与复习"一课中所设计的课堂练习题就很好地体现了应用性原则。袁老师利用郑州地铁建设的情境，把数学知识应用到生活中，如练习1：为了修建地铁，道路两边围上围挡，围挡上用仿真草毯铺设，图中需要多少仿真草毯？练习2：地铁建设需要铺设轨道，这就用到了盾构机。接着播放盾构机的工作情景，在播放之前，先向学生提要求："在视频中，哪些地方用到了立体图形？"引出圆柱、圆锥、长方体等立体图形。从视频中可看出，盾构机向前移动的轨迹形成了一个圆柱，袁老师就接着问：一天挖出多少土？需要知道什么条件？之后出示她所设计的课堂练习题："一台盾构机盾体部分的直径为8米，长度为12米，盾构机运行一天前进10米，会挖出多少土？"因为渣土车是长方体，所以袁老师设计了下一个课堂练习题："已知渣土车是由三节长宽高分别为4米、2.5米、2米的长方体车厢构成的，一天挖出的土需要多少辆渣土车能运完？"整堂练习运用真情境、真问题，把枯燥的数学题融入学生身边的生活中，既把学习和生活联系起来，又增添了课堂练习题对学生的"亲和力"，激发学生做练习题的兴趣。

教师的课堂练习题按照基本原则设计，不仅能使学生扎实有效地掌握最基础的知识，培养基本的数学技能，还能培养学生的数学应用能力。相信在未来的日子里，借助淮河路小学"灵动课堂"数学学科教学切片分析教研活动，通过有理有据的评课形式，每一位数学教师的专业技能都将不断提升，更好地为学生的发展服务。

切片分析报告八：

小学数学课堂评价有效性切片诊断

郑州市中原区淮河路小学　王丽　冯一华

（一）课堂评价的意义

课堂评价是指任课教师在教学过程中，为促进学生学习和改善教师教学而实施的、对学生学习过程与结果的评价。《数学课程标准》对学生的课堂评价提出了更高的要求，评价的目的是全面了解学生的学习状况，激发学生的学习热情，促进学生的全面发展。课堂评价既要关注学生的学习结果，又要关注他们学习的过程；既要关注学生数学学习的水平，又要关注他们在数学活动中所表现出来的情感与态度，帮助学生认识自我，建立信心。

（二）课堂评价的原则

在新课程理念的指引下，优化小学数学课堂教学评价环节，是提升小学数学教学质量和学生数学水平的重要方式。那么，如何科学有效地进行课堂教学评价呢？经过实践与研究发现，在进行有效的课堂评价时要遵循以下几个原则。

1. 目的性原则

何为目的性原则，也就是说，课堂评价要根据教师预设的学习目标，有目的地进行引导。

【案例】陈老师和李老师在上"认识时间"一课时，在开头导入部分，教师都出示钟面问学生：你们认识这个时间吗？谁来说一说你是怎么认识时间的？当孩子出现"8点"这样的读法时，老师想引领孩子用数学语言来描述，两位老师不同的处理方法，获得了不同的教学效果。

张老师在执教"认识周长"一课的开头，就让学生初步形成对周长的认识：从起点开始到起点结束，一周的长度，叫周长。教师有目的地引领学生通过描一描、指一指、画一画的教学活动，达成目标，让学生通过一些问题串的设计，有目的地启发学生在动手操作中完成学习目标。

"他讲得怎么样，表扬，没有评价出目的。"类似这样的评价在我们的数学课堂上还是比较多见的。所以，在今后的数学课堂上，教师要深入钻研教材，深刻领会编者的意图，有目的地进行课堂评价，引导学生努力向达成学习目标靠拢，评价的语言要准确、严谨。

2. 针对性原则

所谓针对性原则，指的是针对学生在课堂上参与教学活动的情况，有针对性地进行评价。既可以是对知识目标的评价，又可以是对情感、态度、价值观的评价，还可以是对学生个性品质以及学习方式、学习习惯的评价。

【案例】马主任在教学"百分数的意义"一课时，出示了10句话，让学生根据这10句话用百分数来表示。对于学生的回答，马主任有针对性地进行评价，不仅能激发学生学习的积极性，更有利于学生顺利地完成学习任务，达到相应的学习目标。

李老师在教学"认识时间"一课的结尾部分，让学生说说通过本节课的学习有哪些收获。一位学生说："原来不认识时间，通过本节课的学习，我知道了怎么看时间。"此时老师想让学生说的是本节课在知识学习方面的收获，但是学生说的是情感方面的收获，老师没有作出相应的评价。这一结尾，其实可以通过有针对性的评价，引导学生达成本节课的情感目标：结合具体的时间活动，认识时间的价值，形成珍惜时间的意识。

3. 及时性原则

及时评价是课堂学习过程中的重要环节，其目的是及时发现学生学习过程中的闪光点，进行及时鼓励，以营造和谐的教学活动氛围，真正让学习过程"活"起来。

【案例】华老师在上"小数的意义"一课时，在进行探究小数意义活动的时候，华老师的做法就体现了及时性原则。华老师在巡视时，发现一位学生掌握了一种比较特殊的表示方法，就让这位学生上台展示，及时发现其方法的正确性，真正让学生参与到学习过程中来。

当然，及时性还表现在课堂上学生产生错误答案时，教师的及时纠错，也体现了及时性原则。

4. 启发性原则

启发性原则是指教师在课堂教学的过程中，根据学习目标，运用各种方式来调动学生学习的积极性，启发学生进行独立思考，主动探究，引导学生一步一步完成重难点知识的学习。

【案例】吴老师在执教"面积和面积单位"一课时，他引导学生通过参与一些活动，初步感知物体的面有大有小，一步一步地完成了学习任务。

相信有了老师这样的启发和引导，学生"发现问题、提出问题、分析问题、解决问题"的能力，定会得到大大提高。

（三）课堂评价的形式

1. 教师对学生的评价

曾经有人说，杰出的人物之所以杰出，是因为其巨大的潜能得到很好的开发利用，部分学生的落后是暂时的，是因为其潜能没有得到很好的开发。所以教师在评价时应从鼓励的角度出发，宽容、善待每一位学生，不要在学生失败时批评他们，而是要在他们取得成功时评价他们，评价的语言要有激发性，能够引起学生的学习兴趣，抓住契机，及时作出鼓励性评价，使评价能真正起到作用。

【案例】张老师素有"数学王子"之称，认识他的人都知道，听他的课是一种享受，诗情画意的语言，巧妙的课堂环节，处处显示着他扎实的教学功底。在他的课堂上，他的妙语连珠让大家意犹未尽。

可见，教师语言的魅力真的很大，能够在一定程度上提高和促进学生的发展。特别是在小学这个阶段，小学生的认知能力以及认知水平不高，老师的一言一行都会对小学生的发展产生一定的影响。所以说，在小学课堂上对学生进行学习评价时应该多采用一些激励性的语言。

2. 学生的自我评价

目前，数学课堂教学上的评价较多的是教师对学生的评价。评价内容主要是学生对教学知识的理解是否正确，以及学生在课堂上参与学习活动的各种表现等。在更多的情况下，教师扮演着"裁判员"的角色，长期由教师进行"裁判"，容易造成学生对教师的依赖，影响学生学习过程中自我反思能力的形成。除了教师对学生的评价外，还要重视学生对自己学习活动的反思和自我评价。

【案例】吴老师在引导学生对自己初步的答案进行反思和自我评价的时候，就是引导学生自己尝试进行反思和评价。

从某种意义上说，教学是一种体验。在教学中，教师不仅要给学生提供更多的、足够的思考机会，还要让学生有更多的反思机会、体验，这样才能更好地培养学生善于认识自己的各种需求。

3. 学生与学生之间的相互评价

在课堂上，学生的学习应该是一个合作的过程，在整个过程中，对某个学生所表现出的包括对合作的态度等素质，其他学生有一定的发言权。因此，学生之间的互评也不可忽视。

【案例】张老师在教学"认识负数"一课时，在让学生对自己作品进行解读时，向其他学生提出了要求："会看、会听、会思考、会评价"，让其他学生对该生的解读进行评价。

通过这样的互评，使每一个学生都有发展空间，都在进步。在吴正宪老师的课堂上，也经常能看到学生自评和互评的现象。

利用好课堂评价，在有限的时间里达到非常好的教学效果，不仅要有教师对学生的评价，还要有学生的自评和互评。这样，学生才能在教师的鼓励下进行自我的反思，在同学的激励下不断进步、成长。所以，教师应改变过去由教师单向评价学生的方式，应组织学生进行自我评价、相互评价，教师在学生自评、互评的过程中给予适当点拨、启迪。把评价的权利交给学生，逐步实现学生对课堂学习的自主评价。

（四）提升课堂评价效果的方法和策略

小学数学课堂教学评价的策略是多种多样的，我们应该根据学生的实际情况，采取相应的策略。结合对教学切片的分析研究，我们认为，在今后的教学中，要科学有效地进行课堂评价，必须做到：

1. 尊重学生，创设和谐、民主、平等的课堂气氛。
2. 评价形式从单一到多样进行转变。
3. 评价语言要丰富、方式多样，有针对性。

总之，在小学数学课堂上实施教学评价是非常有必要的，这不仅是素质教育的要求，同时也是新课程改革的要求。在小学数学课堂上实施教学评价，既能够在很大程度上促进学生的发展，让学生更加有信心地学习和认识自己，又能够让老师不断总结和反思自己的教学过程以及教学情况，从而作出调整，不断提高课堂教学效率和课堂教学质量。

后　　记

到了写后记的时刻，真是感慨万千。这本书是我探索十余年的成果，是先有"切片诊断"的实践活动，后有概念及相关理论思考，因此，成书晚于课堂教学切片诊断实践探索。我经常会遇到这种情况，在给中小学教师们讲"课堂教学切片诊断"时，课讲完了，好多老师走上讲台问："魏老师，您讲的内容有书吗？"我常会尴尬地说："还没有写好！"对于原创的课堂教学切片诊断理论，没有相关的文献参考，也没有相关的案例参考，本书确实"难写"。课堂教学切片诊断的"说"比"做"容易，"写"比"做"要难。"写"是理论思考，是最难的一环，至此，在写后记的时刻，关于课堂教学切片诊断的理论思考算是告一段落。

课堂教学切片诊断是以中小学教师为主体而开发的课堂诊断方法，这或许是课堂教学研究方法群里的唯一。它的构建是完全按照实用主义的价值原则进行的探索。在实践探索中，凡是有利于中小学教师专业发展的切片诊断的做法，便保留；凡是不适合中小学教师专业成长的做法，便删掉。就这样，增增减减，从最初的概念——"基于视频的教学技能训练"到今天的"课堂教学切片诊断"概念，从不成熟的步骤到逐渐成熟的步骤，从最初的个别学校的合作，到现在以政府为主导面向广大中小学的推广应用，在这条路上整整走了十三年（2009—2021）。

"切片"是医学、生物学领域内的专有概念,教学切片是微格教学里的专有概念,"课堂教学切片诊断"则是我根据我的教学研究实践,原创的一个崭新概念。由于是原创的,因此,与之相关的理论需要逐步建立,需要在实践中检验与反思。在概念提出后,我就围绕概念边实践,边思考,书中关于切片诊断的不同角度的阐释,就是笔者从不同角度不同时间段对于切片诊断的思考,其中部分核心观点已在学术杂志上公开发表。这本书是对这些观点的汇总,算是对课堂教学切片诊断方法所做的整体的理论思考。

课堂教学切片诊断是教学研究,而指导我从事课堂教学研究的是石中英教授。记得当时石教授给我的教诲是:"不听一百节课,就别想做好这个研究。"作为一名教育研究者,"走进现场、浸入实践",这是提高学术品质的关键一步,也是石教授给我的明确指向。课堂教学切片诊断能走到现在,是石教授对我学术引导的结果,在此,"感谢"一词诚不足以表达学生的敬意!能探索课堂教学切片诊断,还必须感谢前前后后与我合作研究的数十所(县、区)中小学校,是它们成就了课堂教学切片诊断。

2021 年 8 月 31 日